Como conversar com qualquer pessoa

Leil Lowndes

Como conversar com qualquer pessoa

Traduzido por Alves Calado

Título original: *How to Talk to Anyone: 92 Little Tricks for Big Success in Relationships*

Copyright © 2003 por Leil Lowndes
Copyright da tradução © 2025 por GMT Editores Ltda.

Publicado originalmente por McGraw-Hill Companies, Inc. Edição atual publicada mediante acordo com Jill Grinberg Literary Management LLC e Sandra Bruna Agencia Literaria.

Todos os direitos reservados. Nenhuma parte deste livro pode ser utilizada ou reproduzida sob quaisquer meios existentes sem autorização por escrito dos editores.

coordenação editorial: Alice Dias
produção editorial: Livia Cabrini
preparo de originais: Ângelo Lessa
revisão: Juliana Souza e Luis Américo Costa
diagramação: Guilherme Lima e Natali Nabekura
capa: DuatDesign
imagem de capa: GraphicBoss / Freepik
impressão e acabamento: Associação Religiosa Imprensa da Fé

CIP-BRASIL. CATALOGAÇÃO NA PUBLICAÇÃO
SINDICATO NACIONAL DOS EDITORES DE LIVROS, RJ

L955c

    Lowndes, Leil

        Como conversar com qualquer pessoa / Leil Lowndes ; tradução Alves Calado. - 1. ed. - Rio de Janeiro : Sextante, 2025.
    240 p. ; 21 cm.

    Tradução de: How to talk to anyone
    ISBN 978-65-5564-967-3

        1. Comunicação nas organizações. I. Calado, Alves. II. Título.

24-93927
                CDD: 658.45
                CDU: 005.57

Meri Gleice Rodrigues de Souza - Bibliotecária - CRB-7/6439

Todos os direitos reservados, no Brasil, por
GMT Editores Ltda.
Rua Voluntários da Pátria, 45 – 14º andar – Botafogo
22270-000 – Rio de Janeiro – RJ
Tel.: (21) 2538-4100
E-mail: atendimento@sextante.com.br
www.sextante.com.br

Existem dois tipos de pessoas: as que chegam a um lugar e dizem "Estou aqui!" e as que chegam e dizem "Aí estão vocês".

Sumário

Introdução   9

Parte 1   15
Como intrigar as pessoas sem dizer nenhuma palavra *(Você só tem dez segundos para mostrar que é importante)*

Parte 2   39
Como saber o que dizer depois do "Oi"

Parte 3   71
Como ter conversas de alto nível

Parte 4   103
Como participar de qualquer grupo *(Do que eles estão falando?)*

Parte 5 — 119
Como criar uma sensação de pertencimento
(*"Puxa, nós somos iguaizinhos!"*)

Parte 6 — 139
Como diferenciar um elogio verdadeiro
de uma bajulação

Parte 7 — 159
Como se conectar a distância com o coração
das pessoas

Parte 8 — 185
A arte de curtir festas *(Os seis pontos
fundamentais para extrair o máximo de
qualquer evento, do início ao fim)*

Parte 9 — 205
Como quebrar a barreira invisível mais traiçoeira

Introdução

Como conseguir o que você quiser de qualquer pessoa (ou pelo menos aumentar ao máximo suas chances)

Quem nunca admirou as pessoas de sucesso? Elas estão por aí, batendo papo cheias de confiança em festas e reuniões de trabalho. Têm os cargos mais altos, os parceiros mais interessantes, os amigos mais legais, as contas bancárias mais recheadas e moram nos melhores endereços.

Mas muitas delas não são mais inteligentes nem estudaram mais que você. Nem mais bonitas elas são. Como alcançaram esse patamar? Alguns dizem que isso é um dom. Outros, que elas se casaram com pessoas influentes ou que simplesmente tiveram sorte. Nada disso. Elas chegaram a essa posição privilegiada porque são mais hábeis em lidar com pessoas.

Ninguém chega ao topo sem ajuda. Ao longo dos anos, as pessoas de sucesso foram conquistando a mente e o coração de centenas de outras que as ajudaram a subir, degrau a degrau, a escada profissional ou social.

Os que estão ao pé da escada olham para cima e reclamam que os que estão no topo formam panelinhas e criam uma barreira invisível que os impede de subir. Não percebem que são responsáveis pela própria rejeição e que suas falhas de comunicação prejudicam o relacionamento amoroso, a amizade ou o negócio.

Por outro lado, é como se os vencedores tivessem estratégias específicas, um toque de Midas que transformasse tudo que fazem em sucesso. Que estratégias são essas? Ao longo deste livro você vai aprender de tudo um pouco: como consolidar amizades, conquistar as pessoas, ter mais chances de ser contratado ou promovido e fidelizar seus clientes. Este livro ensina 92 estratégias – que chamaremos de "truques" – para você usar no dia a dia, se tornar mestre nesse jogo e obter o que deseja na vida.

Como esses truques foram revelados

Muitos anos atrás, durante um ensaio para uma peça estudantil, um professor ficou irritado com a minha péssima atuação e gritou:

– Não, não! Seu corpo contradiz suas palavras. Seus movimentos e sua postura revelam tudo que você está pensando. Você pode ser capaz de fazer 7 mil expressões, mas cada uma delas expõe quem você é e o que está pensando.

Em seguida ele disse algo que jamais esquecerei:

– Seus movimentos são uma autobiografia ambulante.

Ele estava certo. No palco da vida real, cada movimento que você faz conta a história da sua vida. Os cães escutam sons que nossos ouvidos não detectam. Os morcegos enxergam no escuro formas que nossos olhos não veem. E as pessoas fazem movimentos subconscientes que têm o poder de atrair ou repelir. Cada sorriso, cada testa franzida, cada palavra e cada tom de voz atrai ou afasta as pessoas.

Quem nunca teve uma vontade inexplicável de pular fora de um negócio ou de aceitar uma oferta mesmo sem ter todos os dados para fazer uma análise completa? Em geral não sabemos ao certo o que nos faz tomar decisões instintivas, mas é fato que existem elementos subliminares que nos levam a considerá-las.

A cada segundo, duas pessoas que estejam de frente trocam cerca de 10 mil unidades de informação entre si. Segundo uma pesquisa, "provavelmente precisaríamos que metade da população adulta dos Estados Unidos passasse a vida inteira na tarefa de identificar as unidades de informação que fluem em uma hora de interação entre duas pessoas".[1]

Sabendo que trocamos tantas informações involuntariamente em tão pouco tempo, será que podemos pensar em técnicas concretas para transmiti-las com clareza, confiança, credibilidade e carisma?

Decidida a encontrar essa resposta, li praticamente todos os livros já escritos sobre habilidades de comunicação, carisma e química interpessoal. Analisei centenas de estudos realizados ao redor do mundo sobre as qualidades que compõem a liderança e a credibilidade. Os cientistas sociais não deixaram pedra sobre pedra na busca por descobrir essa fórmula. Por exemplo, cientistas chineses conduziram uma pesquisa para descobrir se a alimentação influencia o carisma.[2] Nem preciso dizer que rapidamente abandonaram a tese.

Dale Carnegie foi *ótimo*, mas nós vamos além

A maioria desses estudos confirmou o que diz Dale Carnegie em sua obra clássica, *Como fazer amigos e influenciar pessoas*, publicada pela primeira vez em 1936. No livro, ele defende que para alcançar o sucesso é preciso sorrir, demonstrar interesse pelos outros e fazer com que as pessoas se sintam bem consigo mesmas. "Não me surpreende", pensei. É uma verdade que vale hoje também.

Assim, se de lá para cá centenas de outros autores vêm oferecendo o mesmo conselho, por que precisamos de mais um livro dizendo como fazer amigos e influenciar pessoas? Por dois motivos fundamentais.

Primeiro: Imagine que um sábio lhe diga "Quando estiver na China, fale chinês", mas não lhe dê nenhuma aula do idioma. Muitos especialistas em comunicação são como esse sábio. Dizem o que fazer, mas não *como* fazer. Hoje em dia não basta dizer "Sorria" ou "Faça elogios sinceros". Hoje as pessoas são mais inteligentes, captam mais sutilezas no seu sorriso, mais sentidos no seu elogio. As pessoas bem-sucedidas ou atraentes são cercadas por puxa-sacos que fingem interesse e as bajulam o tempo todo. Os clientes estão cansados de vendedores que dizem "Esta roupa fica ótima em você" e saem correndo para pegar a maquininha do cartão. As mulheres ficam com o pé atrás com pessoas que dizem "Você está linda" enquanto as puxam para o quarto.

Segundo: O mundo mudou muito, e acredito que precisamos de uma nova fórmula para o sucesso. Para encontrá-la, observei as pessoas de sucesso da atualidade. Analisei as técnicas usadas por grandes empresários para fechar negócios, por oradores para conquistar o público, por religiosos para converter fiéis, por atores para fascinar plateias, por celebridades para atrair os fãs e por atletas para vencer competições.

Descobri quais são os blocos de construção das qualidades que levam essas pessoas ao sucesso e em seguida transformei esses blocos em técnicas fáceis de entender e aplicar. Batizei cada técnica com um nome fácil de lembrar. Enquanto desenvolvia as técnicas, comecei a compartilhá-las com minhas plateias em palestras e seminários. Meus clientes – muitos deles CEOs de grandes empresas – se empolgaram e também fizeram contribuições.

Sempre que estive na presença de grandes líderes, analisei

sua linguagem corporal e suas expressões faciais. Prestei atenção na forma como conduzem conversas casuais, na entonação que usam, nas palavras que escolhem. Vi como eles lidam com familiares, amigos, sócios e adversários. Sempre que detectava algo a mais, pedia-lhes que me explicassem. Analisávamos essa sabedoria juntos, depois a transformávamos num "truque" que as pessoas pudessem executar com facilidade.

Minhas descobertas e as sacadas de algumas dessas pessoas estão neste livro. Algumas são sutis, outras, surpreendentes, mas todas são factíveis. Quando você dominá-las, todo mundo – de recém-conhecidos a familiares, de grandes amigos a colegas de trabalho – abrirá o coração, a casa, a empresa e até a carteira para lhe dar o que você quiser.

Parte 1

Como intrigar as pessoas sem dizer nenhuma palavra

*Você só tem dez segundos
para mostrar que é importante*

O instante em que dois seres humanos se olham pela primeira vez é poderoso. A visão inicial que os outros têm de você fica gravada para sempre na memória deles. As primeiras impressões são inesquecíveis porque, no mundo acelerado, sobrecarregado de informações e estímulos em que vivemos hoje, as pessoas têm pressa, precisam fazer avaliações rápidas para entender o ambiente a seu redor. Assim, no momento em que elas conhecem você, tiram uma foto mental instantânea sua. Durante um bom tempo, essa imagem é o único dado a seu respeito no qual elas se baseiam para criar uma imagem sua.

Seu corpo berra antes de seus lábios falarem

Mesmo antes de você dizer uma palavra sequer, a sua essência já se instalou no cérebro das pessoas. Seu olhar e seus movimentos corporais formam mais de 80% da primeira impressão que as pessoas têm a seu respeito. Você não precisa dizer nada.

Já morei e trabalhei em países cujo idioma eu não falava, e, mesmo sem trocar uma única palavra com os nativos, os anos provaram que minhas primeiras impressões sobre eles estavam certas. Quando eu conhecia as pessoas em eventos profissionais, sabia de imediato se elas iam com a minha cara e que status tinham na empresa. Só pela forma de se movimentar eu sabia quem eram os pesos-pesados e quem eram os pesos-pena.

Não tenho nenhuma habilidade extrassensorial. Você também não, mas também saberia identificar quem é importante e quem não é. Acontece que, antes mesmo de processar um pensamento racional sobre alguém, você capta dados com um sexto sentido. Estudos mostram que as reações emocionais acontecem antes de o cérebro ter tempo de registrar o que as provoca.[3] Assim, no instante em que uma pessoa olha para você já se estabelecem as bases da relação.

Se você perguntar a um bom caricaturista como ele faz para retratar uma pessoa interessante, inteligente, forte, carismática, honesta, fascinante, carinhosa e interessada, ele vai dizer que basta desenhá-la com uma postura perfeita, expressão atenta, sorriso confiante e olhar direto – a imagem ideal de alguém importante.

Como parecer importante

Como parecer importante aos olhos de quem nunca me viu,

não me conhece bem ou não sabe com que eu trabalho? Como me destacar na multidão e fazer com que as pessoas à minha volta imaginem que eu sou interessante e se aproximem para conversar?

A verdade é que todos nós nos fazemos perguntas desse tipo em algum momento, sobretudo quando estamos em meio a pessoas que não são do nosso círculo social ou profissional.

Ao usar as técnicas da Parte 1, você transmitirá a imagem de uma pessoa especial a quem estiver ao redor e irá se destacar mesmo que não esteja com a sua turma.

Vamos começar pelo seu sorriso.

1

Como ter um sorriso mágico

Uma das dicas primordiais de Dale Carnegie em *Como fazer amigos e influenciar pessoas* é SORRIR. Década após década, praticamente todos os gurus de comunicação repetiram esse mantra. Mas é hora de analisar o papel do sorriso nas relações humanas atuais, pois a verdade é que um sorriso rápido de 1936 nem sempre funciona hoje.

Atualmente as pessoas estão mais atentas e não se deixam mais influenciar pelo antiquado sorriso instantâneo do século XX. Preste atenção nos líderes, negociadores e CEOs. Eles não sorriem para agradar – pelo contrário, sorriem com menos frequência, mas é um sorriso mais poderoso, que faz o mundo inteiro sorrir junto.

Pesquisadores catalogaram dezenas de tipos de sorriso. Vão do sorriso tenso de um mentiroso encurralado às gargalhadas de um bebê sentindo cócegas. Alguns sorrisos são calorosos, outros são frios. Alguns são verdadeiros, outros são falsos. Quem sabe lidar com pessoas tem noção do poder do sorriso, por isso procura aperfeiçoá-lo para causar o maior impacto possível.

Como aperfeiçoar seu sorriso

No mundo dos negócios, lidamos com pessoas de todos os tipos diariamente, e cada uma reage positivamente a um tipo de abordagem, mas, se há uma regra geral que se deve ter em mente ao lidar com empresários e pessoas importantes do seu ramo profissional, é esta: procure sempre parecer sincero. É fato que não há nada que pareça mais falso que um sorriso automático e instantâneo, daqueles que damos sem pensar nem saber o motivo.

Se você sorri rápido, seu interlocutor conclui que você só quer agradar. Por outro lado, quando você aprende a atrasar o sorriso por uma fração de segundo, as pessoas sentem que ele é sincero e destinado somente a elas. Pessoas consideradas mais confiáveis e íntegras demoram mais a sorrir, e quando o fazem é um pouco mais devagar, evitando o sorriso automático.

Técnica 1: *Sorriso lento*
Quando conhecer alguém, não abra um sorriso rápido e imediato, como se fosse para qualquer pessoa que entrasse no seu campo de visão. Em vez disso, olhe para o rosto da pessoa por um segundo. Faça uma pausa. Absorva a personalidade dela. Aí, sim, permita que um sorriso grande, caloroso e receptivo tome conta do seu rosto e transborde para os olhos. Esse atraso de uma fração de segundo convence as pessoas de que seu sorriso é genuíno e exclusivo.

Agora vamos subir um pouquinho no rosto e falar das suas ferramentas de comunicação mais poderosas: os olhos.

2

Como usar os olhos para parecer inteligente e perspicaz

As pessoas amadas por todos não se limitam a manter contato visual. Elas sabem que pessoas inseguras ou desconfiadas não gostam de ser encaradas, pois se sentem ameaçadas ou desrespeitadas. É por isso que quem viaja muito procura entender as diferenças culturais da linguagem corporal dos países que visita. Mas, na nossa cultura, sustentar o contato visual pode ser vantajoso, sobretudo nos negócios.

Uma pesquisa tentou descobrir qual era o efeito exato do contato visual.[4] Os cientistas pediram que os participantes mantivessem uma conversa casual de dois minutos. Metade foi instruída a manter contato visual intenso e a contar o número de vezes que a outra pessoa piscava. A outra metade não recebeu nenhuma orientação. Ao final, os participantes que não receberam orientação relataram um sentimento de respeito e afeto significativamente maior pelos colegas que estavam contando o número de piscadas e, portanto, sustentando o contato visual.

Olhos de gênio

Além de despertar sentimentos de respeito e afeto, o contato visual intenso, quando feito na medida certa, transmite a impressão de que você é uma pessoa inteligente e capaz de realizar raciocínios abstratos.

Nossa reação a um olhar profundo tem base biológica. Quando você olha fixo nos olhos de outra pessoa, os batimentos cardíacos dela disparam e o coração lança na corrente sanguínea uma substância parecida com adrenalina.[5] É a mesma reação das pessoas quando começam a se apaixonar. Quando você aumenta deliberadamente o contato visual durante interações sociais ou profissionais, as pessoas sentem que cativaram você.

Técnica 2: *Olhos fixos*
Imagine que você não tenha permissão para tirar os olhos da outra pessoa. Mantenha o contato visual mesmo após ela parar de falar. Quando precisar desviar os olhos, faça isso lentamente, com relutância.

Se você sentir que a pessoa está desconfortável com a sua atitude, vá devagar: no começo evite entrar em assuntos pessoais, para que ela não se sinta ameaçada ou o interprete mal, e aumente o contato visual aos poucos.

Você já percebeu a diferença de tratamento que recebe num restaurante quando faz o pedido olhando nos olhos do garçom? Se não, experimente usar essa técnica. Erga a cabeça, encare o garçom, sorria, faça o pedido e sustente o olhar por um segundo a mais que de costume. Você vai parecer uma pessoa sensível e atenciosa, e essa mudança surtirá efeito: o garçom vai servi-lo excepcionalmente bem pelo resto da noite.

Se você lida com clientes ou com o público, essa técnica faz toda a diferença. Para a maioria das pessoas, manter contato visual é sinal de confiança, sabedoria e apoio.

Agora vamos dar um passo além dos *Olhos fixos*. Com a próxima técnica de contato visual, você será capaz de conquistar qualquer pessoa.

3

Como usar os olhos para fazer alguém se apaixonar por você

Hora de usar artilharia pesada. Para executar essa técnica serão necessárias pelo menos três pessoas: você, seu alvo e um terceiro. Funciona assim: em geral, ao conversar com duas ou mais pessoas, você olha para quem está falando. Nessa técnica, porém, você deve se concentrar em quem está ouvindo (seu alvo), e não em quem fala (o terceiro). Ao perceber isso, o alvo vai ficar confuso e se perguntar: "Por que essa pessoa está me olhando em vez de olhar para quem fala?" Com isso o alvo vai perceber que você está interessado nele.

Essa técnica também pode ser usada em determinadas situações de trabalho. Os profissionais de recursos humanos costumam usá-la porque estão interessados nas reações de um possível futuro funcionário. Advogados, policiais, psicólogos, gestores em geral e outros profissionais que precisam analisar a reação das pessoas também costumam usar essa técnica.

Quando você mantém os olhos no seu alvo, deixa claro que não só está interessado como tem uma autoconfiança inabalável. Mas cuidado: sempre é possível que o alvo se sinta invadido ou julgado. Assim, tenha cuidado e evite exageros, caso contrário você pode parecer arrogante ou até descarado. Vale a regra da dica anterior: se perceber que a outra parte está incomodada, recue e vá aos poucos.

> **Técnica 3:** *Olhar poderoso*
> Essa técnica é ousada. Quando estiver conversando com três ou mais pessoas, encare seu alvo mesmo quando outra pessoa estiver falando. Mantenha o olhar na pessoa que deseja impactar.

Se você está dividido em relação a essa técnica, use a versão light. Olhe para o terceiro quando ele estiver falando, mas encare seu alvo assim que o terceiro terminar de falar.

Estudos mostram que o contato visual intenso aumenta os batimentos cardíacos e estimula a liberação de um hormônio que provoca a excitação sexual.[6] Essa técnica é eficaz porque leva seu alvo a pensar que essa reação nervosa é a paixão surgindo. Mas, se você achar que ele não gosta de você, jamais use essa técnica.

4

Como parecer alguém com quem vale a pena conversar

Quando o médico bate no seu joelho com o martelinho, seu pé salta para a frente. Seu corpo tem uma reação instintiva. Da mesma forma, quando você está feliz, automaticamente ergue a cabeça e joga os ombros para trás. Você sorri e seu olhar se suaviza.

Essa é a aparência dos vitoriosos. Eles têm um porte confiante. Têm uma postura convicta. Sorriem com um leve orgulho. Uma boa postura sinaliza que você é uma pessoa acostumada a estar no topo.

Mas vivemos num mundo de pessoas encurvadas. Para corrigir essa postura, precisamos de uma técnica mais séria – ao que parece, não basta os pais e professores mandarem os jovens esticarem as costas.

A seguir ensinarei uma técnica de visualização para você também ter essa postura de pessoa orgulhosa e bem-sucedida.

Sua postura é o indicador do seu sucesso

Se existe uma profissão em que a postura é fundamental – inclusive por ser uma questão de vida ou morte –, é a do acrobata. Um passo em falso e ele cai. Assim, imagine que você é um acrobata esperando para entrar no picadeiro e encantar a plateia com sua precisão e seu equilíbrio.

Antes de passar por qualquer porta – do escritório, de uma festa, de uma reunião, até mesmo da cozinha de casa –, imagine que existe um objeto pendurado no portal, pairando apenas dois centímetros acima da sua cabeça. Ao passar pela porta, jogue a cabeça para trás e estique-a, como se fosse tentar morder o objeto. Depois ajuste sua postura para que ela fique perfeitamente ereta: a cabeça erguida, os ombros para trás, a coluna reta, o caminhar preciso.

Certa vez, contei quantas vezes passei por portas ao longo de um dia: foram 60 vezes dentro de casa. Calcule quantas vezes você faz o mesmo, em casa e no trabalho. Qualquer coisa que aconteça 60 vezes se torna um hábito.

Agora você tem uma postura perfeita, uma expressão atenta, um sorriso confiante e um olhar direto, os pilares do aspecto de alguém interessante. Você tem tudo para cativar a plateia, fechar a venda ou parecer a pessoa mais importante do evento.

Técnica 4: *Pendure-se pelos dentes*
Sempre que for passar por uma porta, visualize um objeto pendurado do alto do portal um pouco acima da sua cabeça. Corrija sua postura, erga a cabeça e tente mordê-lo. Ao esticar o corpo para se "pendurar pelos dentes", você alcançará a postura perfeita.

É hora de voltar a atenção para seu interlocutor. As duas técnicas a seguir servem para você fazê-lo se sentir a pessoa mais importante do mundo.

5

Como conquistar as pessoas nos primeiros segundos

Sempre que conhece alguém, conscientemente ou não você sabe se a pessoa foi com a sua cara. Se ela olha nos seus olhos, sorri e se aproxima, é sinal de que gostou de você. Se ela vira para outro lado, não olha nos seus olhos, parece desatenta, mau sinal.

Nosso corpo emite inúmeros sinais involuntários a todo momento, e duas pessoas que se conhecem são como dois cães se farejando. Não temos cauda para balançar, mas temos olhos que se estreitam ou se arregalam, temos mãos que cerramos ou abrimos com as palmas expostas. Dezenas de outras reações involuntárias ocorrem nos primeiros momentos de proximidade.

Um bom advogado presta atenção nas reações instintivas de todos no tribunal. Observa, por exemplo, para onde estão virados, se respondem às perguntas com o corpo para a frente ou para trás, se estão com as mãos viradas para fora ou para dentro (sinalizando o nível de concordância com as ideias de quem está falando), entre outros sinais que emitimos de forma inconsciente.

Você está sendo julgado e só tem dez segundos

Assim como bons advogados observam todos no tribunal, no subconsciente as pessoas que você conhece avaliam se querem tê-lo na vida delas. E grande parte do veredito se baseia na sua linguagem corporal inicial, que no fundo é uma resposta à pergunta tácita: "O que está achando de mim até agora?"

Suas primeiras reações estabelecem o caminho que o relacionamento seguirá. Se você se interessou por alguém que acabou de conhecer, sua resposta tácita à pergunta não verbalizada deve ser: "Gostei muito de você."

Isso vale tanto na vida pessoal quanto na profissional. Se alguém se aproxima numa festa ou numa reunião e você apenas abre um sorriso rápido e automático, faz um leve aceno de cabeça e não vira o corpo na direção da pessoa, é sinal claro de que não tem interesse em conversar com ela. Muitas vezes, porém, temos essa reação automática para esconder a ansiedade. Para fazer a pessoa se sentir especial logo de cara, é preciso ter outra reação.

> **Técnica 5:** *Virada cativante*
> Quando você for apresentado a uma pessoa, vire o corpo inteiro na direção dela e lhe dê toda a atenção que você daria a alguém por quem tem grande interesse, seja pessoal ou profissional. Sorria (não de forma automática), fique de frente para a pessoa, dê toda a atenção a ela. Ao fazer isso, você deixa implícito que a considera especial.

Na próxima técnica você aprenderá a reforçar na outra pessoa a sensação de que ela é o centro do universo.

6

Como fazer alguém se sentir um velho amigo imediatamente

O segredo para fazer as pessoas gostarem de você é mostrar quanto você gosta delas.

Seu corpo é como um canal de TV transmitindo 24 horas por dia como você se sente. Mesmo que você use as técnicas anteriores para conquistar as pessoas e fazê-las se sentir especiais, o resto do seu corpo pode revelar incongruências. Para não deixar dúvida de que você se importa com seu interlocutor, cada detalhe do seu corpo deve ter um desempenho consistente – da forma como você franze a testa à posição dos seus pés.

Quando conhecemos alguém, nosso cérebro fica a mil. Pensamos demais em vez de ter reações simpáticas e despreocupadas. Com isso, reduzimos as chances de uma futura relação de amizade, amorosa ou profissional. O corpo dispara 10 mil estímulos por segundo, e alguns revelam timidez ou até hostilidade. Precisamos de uma técnica para evitar esses problemas.

Para entender do que se trata essa técnica, precisamos analisar a única ocasião em que não costumamos ter medo de manifestar timidez ou negatividade na linguagem corporal: ao conversarmos com pessoas íntimas. Quando estamos diante de uma pessoa que amamos ou com quem nos sentimos à vontade, temos uma reação calorosa e instintiva da cabeça aos pés. Sorrimos de alegria. Nos aproximamos. Abrimos os braços. Abrimos mais os olhos e suavizamos o olhar. Viramos a palma das mãos para cima. Ficamos de frente para a pessoa.

Como treinar o corpo para reagir da forma certa

A seguir ensinarei uma técnica de visualização para que você emane esse calor. Eu a chamo de *Olá, velho amigo*.

Ao conhecer alguém, execute um truque mental: enxergue a pessoa como um velho amigo, alguém com quem você tinha um relacionamento maravilhoso anos atrás, mas com quem perdeu o contato. Você fez de tudo para retomar a amizade, porém infelizmente não a encontrou nas redes sociais e seus outros amigos não sabiam o paradeiro dela. De repente, surpresa! Anos depois vocês se reencontram. Você está feliz.

O fingimento para aí. É óbvio que você não deve tentar convencer o recém-conhecido de que é um velho amigo. Não vai abraçá-lo e dizer "Que bom rever você!" ou "Como você tem passado?". Diga apenas "Olá", "Como vai?", "Prazer em conhecer" com entusiasmo.

Ao usar essa técnica, o prazer do reencontro toma conta do seu rosto e influencia sua linguagem corporal. A pessoa que você acabou de conhecer vai se sentir especial.

> **Técnica 6:** *Olá, velho amigo*
> Ao conhecer alguém, imagine que a pessoa é uma velha amiga ou um antigo cliente que a vida afastou e agora algo incrível aconteceu: depois de muito tempo vocês se reencontraram. Esse momento de felicidade provoca uma forte reação no seu corpo, da cabeça aos pés.

Você não precisa dizer nada

Essa técnica vence até a barreira da língua. Quando viajar por países cujo idioma você não fala, imagine que as pessoas são velhas amigas e desaprenderam a falar sua língua. Mesmo que você não entenda uma única palavra, seu corpo emanará simpatia e aceitação.

Profecia autorrealizável

Outro benefício dessa técnica é que ela se torna uma profecia autorrealizável. Quando você age como se gostasse da pessoa, começa a gostar dela de verdade. Um estudo comprovou isso.[7] Primeiro os pesquisadores pediram que os participantes tratassem pessoas desavisadas como se gostassem delas. Em seguida, questionaram os participantes, que responderam que acabaram gostando genuinamente das pessoas. Por último, os cientistas perguntaram aos desavisados, que expressaram muito mais respeito e afeto pelos participantes que tinham fingido gostar deles. A conclusão é que amor atrai amor, apreço atrai apreço, respeito atrai respeito. Ao usar essa técnica você conquista "velhos amigos", que acabam gostando genuinamente de você.

Agora você tem todos os elementos básicos para parecer simpático para qualquer pessoa que acabe de conhecer. Mas ainda há muito trabalho pela frente. Você não quer apenas que as pessoas gostem de você – quer parecer confiável, inteligente e seguro. As três técnicas a seguir têm esses objetivos.

7

Como parecer 100% confiável

Os profissionais de certas áreas são especialistas em detectar mentiras. Policiais e profissionais de recursos humanos, por exemplo, são treinados para saber quando suspeitos e candidatos a vagas estão faltando com a verdade. Sabem que sinais procurar. Mas, no geral, o resto das pessoas não conhece as pistas específicas para descobrir se o interlocutor está mentindo, embora tenha um sexto sentido para desconfiar ao observar alguns sinais.

Cuidado para não parecer que está mentindo quando estiver dizendo a verdade

Muitas vezes metemos os pés pelas mãos mesmo quando não estamos mentindo, mas nos sentimos emotivos ou intimidados pelo interlocutor. Pode ser ao falar com o chefe, com uma pessoa que consideramos atraente ou um cliente importante.

Claro que às vezes o problema é físico mesmo: talvez você não esteja nervoso, mas entra na reunião e abre o colarinho porque a sala está quente. Um político fazendo um discurso ao ar livre pode piscar demais por causa da poeira. Mesmo que essas ações não estejam ligadas a sentimentos, dão a sensação de que a pessoa está mentindo ou de que há algo errado com ela.

Os comunicadores profissionais sabem dessa possibilidade e evitam emitir sinais que alguém possa confundir com insegurança. Mantêm o olhar fixo no ouvinte. Jamais levam as mãos ao rosto. Não mexem os braços nem coçam o nariz. Não abrem o colarinho quando está quente nem piscam por causa da poeira. Não enxugam o suor nem protegem os olhos do sol. Preferem sofrer porque sabem que qualquer movimento menos natural acaba com sua credibilidade. Em 25 de setembro de 1960, os dois então candidatos a presidente dos Estados Unidos, Richard Nixon e John Kennedy, participaram de um debate marcante na TV, e os comentaristas políticos acreditam que o fato de Nixon não ter usado maquiagem, parecer inquieto e ter enxugado a testa a todo momento o fez perder a eleição.

Se você quer parecer confiável, evite fazer qualquer movimento inadequado no momento em que a comunicação for fundamental. Chamo essa técnica de *Evite a agitação*.

Técnica 7: *Evite a agitação*
Sempre que a conversa for realmente importante, deixe o nariz coçar, a orelha arder, o pé pinicar. Não se remexa, não se contorça, não se coce e, acima de tudo, evite levar a mão ao rosto. Esses movimentos dão ao interlocutor a sensação de que você está mentindo.

A seguir veremos uma dica para parecer mais inteligente. Você vai me perguntar: "Hein? As pessoas podem parecer mais inteligentes do que são?" E a resposta é sim. Não só podem como é fácil conseguir.

8

Como saber o que o outro está pensando e parecer mais inteligente

Como nós simplesmente sabemos que certas pessoas são mais inteligentes que outras só de bater o olho? Muitas vezes elas nem estão conversando sobre assuntos complexos. Mesmo assim, as pessoas olham e dizem: "Ela é inteligente", "Ela sabe tudo", "Ela não deixa escapar nada".
Acontece que essas pessoas aprenderam a fazer duas coisas ao mesmo tempo: são capazes de manter uma conversa com alguém, prestando total atenção no que ouvem, e ao mesmo tempo percebem as reações do interlocutor. É como se enxergassem dois movimentos de comunicação ao mesmo tempo.
Quando você põe a TV no mudo, vê os atores sorrindo, fechando a cara, franzindo a testa e fazendo várias outras expressões faciais. Mesmo não ouvindo o que eles dizem, você sabe como eles estão se sentindo. No dia a dia, enquanto estiver falando, fique de olho nas reações do seu interlocutor. Se ele está sorrindo, fazendo que sim com a cabeça ou com os pulsos à mostra, é sinal de que está gostando do que ouve. Mas se está franzindo a testa, desviando o olhar ou com os punhos cerrados, talvez não esteja gostando. Se coçou o pescoço, deu um passo atrás ou está virado para a porta, talvez queira ir embora.
Você não precisa de um curso completo de linguagem corporal. Sua experiência de vida já lhe dá uma boa base. A maio-

ria das pessoas sabe que, se o interlocutor se afasta ou desvia o olhar delas, é porque não está gostando do que ouve. Se coça o pescoço, é porque está achando chato. Se junta as mãos, é porque se sente superior ao outro.

Vamos nos aprofundar na linguagem corporal na técnica 77 (*De olho nos detalhes*). Por ora você só precisa prestar atenção nos sinais emitidos pelo corpo do seu interlocutor.

> **Técnica 8:** *Radar ligado*
> Crie o hábito de fazer duas coisas ao mesmo tempo durante a conversa. Fale e se expresse normalmente, mas fique atento às reações do seu interlocutor e use-as para planejar seus próximos passos. Ao fazer isso, as pessoas dirão que você é atento aos detalhes e não deixa passar nada.

Até aqui você aprendeu técnicas para parecer uma pessoa confiante, confiável e carismática, que faz todos à sua volta se sentirem importantes. Na última técnica da Parte 1 você vai aprender a reunir todas essas características numa só.

9

Como visualizar a vitória

Você já prestou atenção na postura dos corredores das provas de atletismo? Antes da largada eles ficam imóveis, totalmente concentrados e posicionados. Basta olhar nos olhos deles para perceber que estão tendo uma experiência extracorpórea. Mentalmente, a corrida já teve início. Ali, eles estão visualizando o percurso. Atletas de todos os esportes fazem isso: nadadores, jogadores de futebol, patinadores, acrobatas, etc. Antes de mover um único músculo, mentalizam tudo que vão fazer – e acima de tudo mentalizam a vitória.

Os psicólogos esportivos dizem que a técnica da visualização não vale só para atletas de alto rendimento. Estudos mostram que o ensaio mental tem um efeito poderoso que ajuda os atletas amadores a melhorar o desempenho em qualquer esporte.

Essa técnica funciona em praticamente qualquer atividade – inclusive para se comunicar bem. É mais eficaz quando você está completamente relaxado e consegue visualizar imagens claras e nítidas. Execute-a no silêncio de casa ou no carro antes de ir para uma festa ou uma reunião de trabalho. Veja mentalmente tudo que acontecerá. Ao mentalizar seu desempenho numa reunião, sua fala diante de uma plateia ou até sua conversa com aquela pessoa que desperta seu interesse, você aprende a executar esses passos de forma automática, se aproximando do desempenho desejado.

> **Técnica 9:** *Assista à cena antes de entrar em cena*
> ENXERGUE-SE andando com a postura correta ensinada pela dica *Pendure-se pelos dentes* (técnica 4), cumprimentando as pessoas, abrindo o *Sorriso lento* (técnica 1) e mantendo os *Olhos fixos* (técnica 2). OUÇA A SI MESMO batendo papo à vontade com todos. SINTA o prazer de saber que está no controle e que as pessoas se aproximam naturalmente de você. VISUALIZE-SE como alguém importante. A partir daí tudo acontecerá de forma automática.

Agora você tem as habilidades necessárias para começar qualquer relação com o pé direito. Nesses primeiros momentos, pense em si mesmo como um foguete decolando em direção à Lua. Ele precisa estar apontado no ângulo exato, pois um erro de milímetros aqui na Terra o levará a errar o satélite por milhares de quilômetros. Da mesma forma, um pequeno erro de linguagem corporal com um recém-conhecido pode levar ao fracasso na relação. Mas, ao executar corretamente as técnicas da Parte 1, você estará no caminho para conseguir tudo que quiser de qualquer pessoa – seja nos negócios, na amizade ou no amor.

Na Parte 2 vamos deixar os gestos iniciais e passar para a conversa propriamente dita.

Parte 2

Como saber o que dizer depois do "Oi"

Embora as técnicas da Parte 1 sejam importantes para dar um passo inicial, elas estão calcadas em como fazer o melhor contato inicial possível. Com elas você mostrará ser alguém atraente, cativante e até inteligente à primeira vista. Mas o que dizer depois das apresentações? Suas primeiras palavras devem ser encantadoras, capazes de fazer qualquer pessoa se sentir à vontade. Para isso, você precisa dominar a arte da conversa casual – o famoso bate-papo.

Tremeu só de pensar? Tudo bem. Mesmo as pessoas mais corajosas e inabaláveis morrem de medo disso. Basta convidá-las para uma festa em que não conhecem ninguém para ver como ficam nervosas.

Se serve de consolo, saiba que quanto mais inteligente a pessoa, mais ela detesta conversas casuais. É muito comum que altos executivos se sintam à vontade durante conversas importantes com o conselho administrativo da empresa ou ao se dirigir aos acionistas, mas se sintam perdidos em situações nas quais a conversa não é exatamente relevante.

O medo da conversa casual é igual ao medo do palco. A sensação de estômago embrulhado que você tem diante de uma sala lotada de desconhecidos é a mesma de grandes empresários. A boa notícia é que existem técnicas que podemos usar a qualquer momento. Assim, se a doença é a aversão à conversa casual, a cura é o uso de técnicas confiáveis, como as que exploraremos nesta parte.

A ciência está começando a descobrir que não é o acaso ou mesmo nossa infância que determina se somos mais ou menos ansiosos ou estressados. Certas pessoas têm níveis elevados de um neurotransmissor chamado norepinefrina, que é parecido com a adrenalina. É ele que faz, por exemplo, algumas crianças entrarem na sala do jardim de infância no primeiro dia e ter vontade de fugir ou se esconder embaixo de uma mesa.

O objetivo deste livro não é transformar você num mestre da conversa fiada, e sim em alguém capaz de falar sobre qualquer assunto com qualquer pessoa e de se comunicar bem – e a conversa casual é o primeiro passo fundamental para alcançar esse objetivo.

10

Como começar um bate-papo incrível

Alguma vez na vida você certamente já foi apresentado a uma pessoa numa festa ou reunião de trabalho, apertou a mão dela, seus olhares se encontraram... e de repente deu um branco: toda a sua bagagem de conhecimento sumiu, e você travou. Você tentou pensar num assunto qualquer para preencher o silêncio incômodo, não conseguiu, e a pessoa foi atacar a mesa de frios.

É importante que as suas primeiras palavras sejam brilhantes, espirituosas e perspicazes – e que seu interlocutor perceba de imediato como você é fascinante. Se você está num elevador cheio e ele para entre dois andares, é melhor ficar quieto do que começar a falar sobre os possíveis motivos do problema.

A conversa casual não tem a ver com fatos ou palavras – tem a ver com ritmo, melodia. Deixa as pessoas à vontade. Os grandes comunicadores mantêm o mesmo tom de voz do interlocutor.

Quem nunca ficou empolgado ao encontrar um amigo, começou a fazer perguntas e a falar de um monte de assuntos e só depois percebeu que ele estava triste? E quem nunca esteve do outro lado? Você está correndo atrasado para uma reunião quando um colega o para e começa a contar uma história longa e arrastada.

O primeiro passo para começar uma conversa agradável é perceber o clima do seu ouvinte e replicá-lo, nem que seja só no começo. Seu ouvinte está em ritmo de samba? Imite-o e fale mais rápido. Chamo isso de *Casar o clima*.

Casar o seu clima com o do cliente pode fazer a diferença na hora de fechar a venda

Quem trabalha com vendas precisa conhecer essa dica. Se você trabalha numa loja, por exemplo, não pode atender clientes com voz de sono, mau humor ou indiferença. Por mais que o cliente esteja louco para comprar um produto, no mínimo vai desistir de você e procurar outro vendedor. Não precisa falar superempolgado, mas é importante que você ao menos não desanime quem entra na loja.

Quando uma criança chora, a mãe não aponta o dedo e grita: "Fica quieto!" Em vez disso, ela pega o filho no colo e diz "Aaah, tudo bem, já passou", imitando o sofrimento da criança por alguns instantes. Então, aos poucos, faz a transição e começa a falar de um jeito mais animado.

Pense nas pessoas como bebês. Reproduza o estado de espírito dele se quiser que ele pare de chorar, feche a compra ou concorde com seus pontos de vista.

Técnica 10: *Casar o clima*

Antes de abrir a boca, analise uma "amostra da voz" do seu interlocutor para detectar o estado de espírito dele. Perceba se ele parece animado, entediado ou arrasado. Para fazer as pessoas pensarem como você, imite o clima e o tom de voz delas, pelo menos por um tempo.

11

Como parecer que você tem uma personalidade incrível (não importa o que diga)

Sabe aquelas pessoas que estão sempre rodeadas de gente, mas quando você se aproxima percebe que ela só fala besteira? Isso é mais comum do que parece, e, embora o objetivo deste livro não seja ensinar as pessoas a falar bobagem, é importante saber que a forma como você diz é tão importante quanto o que você diz.

"O que eu devo falar quando acabar de conhecer alguém?"

Por mais que possa ser frustrante, minha resposta a essa pergunta é "Qualquer coisa". Isso porque praticamente qualquer coisa que você diga vai servir, desde que deixe seu interlocutor à vontade e pareça sincera.

E como deixar as pessoas à vontade? Convencendo-as de que você as acha interessantes e de que vocês são parecidos. Ao fazer isso você faz com que elas baixem a guarda e deixem o medo e as desconfianças de lado.

Saia do trivial

Se você acabou de conhecer uma pessoa e percebe que ela demonstra inteligência e espirituosidade, demonstre também. Com isso o nível da conversa vai melhorar naturalmente. Mas, mesmo percebendo que ela vai além das trivialidades, não comece a conversa a mil por hora, porque vai parecer que você quer se exibir. O objetivo é que suas primeiras palavras criem um clima para você expor sua própria trivialidade. Porque, lembre-se, as pessoas vão prestar menos atenção *no que* você diz e mais em *como* diz.

Técnica 11: *Trivialidade a sério*
Preocupado com as suas primeiras palavras? Não precisa se sentir assim, porque 80% da impressão que você causa nas pessoas não tem nada a ver com o que você diz. A princípio, quase tudo que você disser serve. Não tenha medo de ser prosaico: um clima de empatia, uma postura positiva e um jeito animado fazem você parecer empolgante.

Vale *quase* tudo

Qualquer coisa que você disser serve, desde que não seja uma reclamação, uma grosseria ou algo desagradável. Se você começa com uma queixa, já era: a pessoa vai rotulá-lo de reclamão, porque 100% da amostra que você deu a ela até o momento é reclamação.

Afora essas opções ruins, vale tudo: pergunte de onde a pessoa é, onde ela conheceu a anfitriã da festa, em que loja comprou a roupa linda que está usando, etc. O importante é demonstrar entusiasmo e estimular a pessoa a falar.

Ainda está com receio de abordar estranhos? As próximas três dicas são para conhecer pessoas em festas – e as nove seguintes são para fazer com que as conversas casuais saiam do casual.

12

Como fazer com que as pessoas queiram conversar com você

Você pode usar esta técnica em contextos sociais ou profissionais. Não exige nenhuma habilidade, apenas a coragem de usar um simples adereço, que aqui chamaremos de "o-que-é-isso".

O que é um o-que-é-isso? É qualquer coisa incomum que você esteja usando ou segurando – um broche especial, uma bolsa diferente, uma gravata estranha ou um chapéu engraçado. Ele serve para atrair a atenção das pessoas e estimulá-las a se aproximar de você e perguntar: "O que é isso?" Seu o-que-é-isso pode ser algo sutil ou explícito, a depender de sua personalidade e da ocasião.

Eu, por exemplo, uso um par de óculos antigos que mais parecem dois monóculos juntos. Muitas vezes, pessoas curiosas se aproximam de mim e perguntam: "O que é isso?" Eu explico que é um lornhão que minha avó deixou para mim. Daí o assunto engrena e começamos a falar de óculos e depois a conversa vai para outros assuntos.

Você já se pegou com vontade de puxar assunto com uma pessoa, mas não encontrava um pretexto e ficou feliz quando percebeu que a pessoa estava usando alguma coisa esquisita ou incrível e a usou para iniciar uma conversa? Se sim, você provavelmente foi "vítima" dessa técnica em algum momento.

Essa técnica funciona quer seu objetivo seja profissional ou pessoal. Se você está numa festa e vê uma pessoa bonita do outro lado da sala, talvez queira ir falar com ela, mas não encontre um pretexto. Mas ao mesmo tempo ela pode estar pensando: "Puxa, como vou me aproximar dessa pessoa se ela não está com nenhum o-que-é-isso?"

Aprenda a encontrar um o-que-é-isso

Quando vir pessoas interessantes usando objetos interessantes, fale com elas. Se você percebe que seu cliente usa um broche de golfe na lapela, diga: "Com licença, notei que o senhor usa esse belo broche de lapela. O senhor joga golfe? Eu também! Onde costuma jogar?"

Um o-que-é-isso funciona como os antigos cartões de visita, é um artefato de socialização. Mantenha-o sempre visível.

Técnica 12: *O-que-é-isso*
Sempre que for a uma reunião social, use ou segure um objeto incomum para dar às pessoas um pretexto para se aproximar. "Com licença, não pude deixar de notar o seu... O que é isso?" Você também pode usá-lo em ambientes profissionais, mas seja comedido.

A próxima técnica foi criada por políticos chatos que vivem correndo atrás de pessoas que possam ajudá-los em época de campanha eleitoral. Chamo essa técnica de quem-é-aquele.

13

Como conhecer as pessoas que *você* quer conhecer

Digamos que você vá a uma festa e tenha visto alguém lindo e se interessado. Você examinou a pessoa da cabeça aos pés e não encontrou nenhum o-que-é-isso.

Nesse caso, uma boa alternativa é usar a técnica quem-é--aquele. Simplesmente vá ao anfitrião da festa e diga: "Aquela pessoa ali parece interessante. Quem é?" Em seguida, peça para ser apresentado a ela. Não hesite. O anfitrião ficará feliz de saber que você se interessou por outro convidado.

Caso o anfitrião esteja ocupado, peça a ele apenas algumas informações, o suficiente para ir falar com a pessoa. Pode ser qualquer coisa sobre o trabalho, os interesses ou os passatempos dela. Se o anfitrião disser que não sabe com que a pessoa trabalha, mas sabe que ela é esportista e pratica vôlei, vá à pessoa, apresente-se e puxe assunto sobre vôlei. Pergunte se ela joga na praia ou em quadra, se tem um jogador favorito, etc. A pessoa saberá imediatamente quais são as suas intenções e, se ela der corda, você saberá que ela também se interessou por você.

> **Técnica 13:** *Quem-é-aquele*
> Peça ao anfitrião que apresente você à pessoa do seu interesse ou que ao menos lhe conte fatos interessantes que você possa usar para puxar assunto.

A seguir, o terceiro e último do nosso pequeno trio de truques para você quebrar o gelo e conhecer quem quiser.

14

Como entrar num grupo fechado

A pessoa que você *precisa* conhecer não está usando nenhum o-que-é-isso. Você não consegue encontrar o anfitrião para usar a técnica quem-é-aquele. E, para piorar, ela está conversando com um grupo de amigos. Parece impossível abordá-la, não é? Você não pode simplesmente se aproximar e dizer: "Com licença, pensei em vir dar um oi e escutar a conversa de vocês."

Se você está numa festa, fique perto do grupo no qual quer se infiltrar, mas na companhia de algum conhecido, conversando com a pessoa e, ao mesmo tempo, prestando atenção nos assuntos do grupo. Nunca fique parado ao lado do grupo sem fazer nada – você vai passar vergonha se alguém perceber sua atitude. Espere até ouvir uma ou duas palavras que possa usar como desculpa para entrar na conversa e diga qualquer coisa relevante no momento. Por exemplo: "Não pude deixar de ouvir sua conversa sobre o país X. Vou pra lá no mês que vem pela primeira vez. Pode me dar umas dicas?"

Ao fazer isso você entra no círculo e pode direcionar os comentários para a pessoa que quer conhecer.

Técnica 14: *À espreita*

Mantenha-se perto do grupo de pessoas no qual você quer entrar e escute com atenção. Espere o momento certo e use qualquer desculpa esfarrapada para puxar assunto: "Com licença, mas não pude deixar de ouvir..." As pessoas vão ficar perplexas? Sim, mas só por um instante, e você vai entrar na conversa.

Agora vamos deixar o bate-papo de lado e ver dicas sobre conversas mais profundas.

15

Como responder de onde você é de forma empolgante

Se existem duas perguntas que você vai ouvir em todo evento são "De onde você é?" e "O que você faz?". Quando ouve essas perguntas, a maioria das pessoas responde de forma seca, dizendo apenas a cidade, o bairro, o cargo ou a empresa em que trabalha. E ponto-final.

Se você está numa convenção nacional, todo mundo vai perguntar de onde você é. Quando você se limita a responder que é de uma cidade qualquer desconhecida, é mais que natural que a outra pessoa não saiba como dar prosseguimento à conversa. A pessoa vai revirar o cérebro, pensando: "O que eu falo agora?"

Assim, jamais responda à pergunta "De onde você é?" com apenas uma frase. Dê combustível à conversa. Para isso, basta responder de que cidade é e acrescentar duas frases sobre ela – algum fato interessante ou comentário espirituoso. Com isso você mantém a chama da conversa acesa.

> **Técnica 15:** *Além da cidade*
> Quando alguém lhe fizer a inevitável pergunta "De onde você é?", nunca responda apenas o bairro ou a cidade, sem acrescentar qualquer outra informação que possa ser usada para continuar o papo. Memorize alguns fatos interessantes sobre o lugar de onde você vem e que as pessoas possam comentar.

Mude a isca de acordo com a pesca

Um bom pescador precisa mudar o tipo de isca para cada tipo de peixe. O mesmo vale para a conversa. Seu anzol deve ser adaptado ao tipo de pessoa com quem você está conversando. Se está falando com alguém que gosta de viajar, responda de onde é e acrescente comentários sobre os pontos turísticos da cidade. Se estiver falando com um arquiteto, fale de quem projetou a cidade. Se está atraído pela pessoa, diga que é de tal cidade, mas que saiu de lá porque não encontrava ninguém interessante. Com isso a conversa pode passar para as dificuldades da vida de solteiro ou partir direto para o flerte.

16

Como se sair bem quando perguntarem o que você faz

Essa é outra pergunta que ouvimos sempre que conhecemos alguém. Mais para a frente vamos ver se ela é adequada, mas por ora siga as diretrizes desta dica. Com isso você vai manter a fama de alguém bom de papo quando lhe fizerem essa pergunta inevitável.

Primeiro, assim como na técnica *Além da cidade* (técnica 15), não responda com apenas uma palavra. Se a pessoa perguntar o que você faz, não responda apenas "Sou estatístico/auditor/escritor/astrofísico". Para manter a conversa viva, explique por alto o que você faz.

Se você é advogado, não responda apenas "Sou advogado". Advogados fazem muitas coisas, têm muitas especialidades. Explique o que você realmente faz no dia a dia. Conte uma historinha para a pessoa ter uma ideia. Por exemplo, se você estiver falando com uma mulher que tem filhos, diga: "Sou advogado. Nossa firma é especializada em direito trabalhista. Na verdade, agora mesmo estou envolvido num caso em que uma empresa demitiu uma mulher porque ela queria mais tempo de licença-maternidade devido a uma situação de saúde." Qualquer mãe vai se interessar.

Se você está falando com um empresário, responda: "Sou advogado. Nossa firma é especializada em direito trabalhista.

Atualmente estou trabalhando num caso em que um patrão está sendo processado por uma empregada por fazer perguntas pessoais na entrevista de emprego." Ele vai se interessar.

> **Técnica 16:** *Além do trabalho*
>
> Quando lhe perguntarem o que você faz, não presuma que uma simples resposta do tipo "Sou economista/educador/engenheiro" é informação suficiente para engrenar um bom papo. Revele fatos curiosos ou interessantes sobre seu trabalho. Caso contrário, as pessoas vão pedir licença para ir pegar uma bebida e não vão mais voltar.

17

Como se tornar um mestre na apresentação de pessoas

Não adianta apresentar duas pessoas e achar que isso basta para elas engatarem uma conversa. Elas acabaram de se conhecer, estão nervosas. O que vão dizer uma à outra se você não facilitar o diálogo? Imagine que você queira apresentar John e Susan. Você aproxima os dois e diz:

– Susan, quero que você conheça o John. John, esta é a Susan.

O que você espera que John e Susan digam a partir daí?

– John? Soletra J-O-H-N, não é?

– Sim, e Susan é um nome interessante!

Óbvio que não vai ser assim. E não dá para culpar os dois por se saírem mal. O erro é da pessoa que os apresentou como a maioria das pessoas apresenta os amigos: dizendo apenas o nome, sem lançar uma isca, sem trazer nada de interessante que sirva de ponto de partida para a conversa.

Quem é bom com pessoas não deixa a conversa morrer e utiliza técnicas como *Além da apresentação*, na qual fazem acréscimos simples, mas que fazem toda a diferença entre o sucesso e o fracasso da conversa:

– Susan, quero que você conheça o John. John tem um barco maravilhoso no qual viajamos ano passado. John, esta é a Susan. Susan é editora de uma revista de culinária.

Quando você acrescenta dados à apresentação, dá a Susan

a oportunidade de perguntar que tipo de barco John tem ou para onde já viajou e dar a ele abertura para falar que adora escrever. Ou cozinhar. Ou comer. A partir daí a conversa evolui naturalmente para viagens, a vida nos barcos, férias, receitas, restaurantes, orçamentos, dietas, revistas, etc.

> **Técnica 17:** *Além da apresentação*
> Ao apresentar pessoas, você não deve jogar um anzol sem isca e ficar ali, deixando os recém-conhecidos balançando as barbatanas e tentando pescar um assunto. Ponha uma isca no anzol da conversa e faça com que as pessoas nadem a favor da corrente.

Caso você vá apresentar duas pessoas e não se sinta à vontade ou não saiba dizer em que uma delas trabalha, fale de um hobby ou mesmo de um talento.

É hora de subir um nível nas conversas. Vamos sair do papo casual e buscar o caminho para um diálogo mais significativo. Com a próxima técnica você tornará a conversa mais interessante.

18

Como ressuscitar uma conversa

Você já se viu conversando com uma pessoa e teve a impressão de que ela está falando com você por educação e está louca para ir embora? Nesta técnica você aprenderá a fazer com que a conversa seja sempre interessante e a ter assunto para cativar qualquer um.

Seja um detetive das palavras

Um bom detetive confia na própria capacidade de resolver os casos. Sabe que, por mais difícil que esteja a situação, encontrará pistas que o levarão ao autor do crime. Da mesma forma, para encontrar o assunto certo você deve se tornar um detetive das palavras.

Se você conhece uma pessoa que vive reclamando de tudo, mas em dado momento resolve falar de um assunto aleatório, é sinal de que esse assunto é importante para ela. Não desconsidere ou ignore o comentário. Fale sobre ele, pergunte o motivo do interesse, diga qualquer coisa para manter a conversa viva.

Durante uma conversa, sempre mantenha a atenção e, como um bom detetive, busque pistas. Atente para qualquer referência incomum: anomalias, desvios, divagações ou lembranças de outro lugar, outra época, outra pessoa. Pergunte sobre esse assunto, porque é sobre isso que a pessoa quer conversar.

Os grandes comunicadores sabem que ideias não surgem do nada. Se alguém que nunca lhe deu a menor bola faz um comentário, por exemplo, sobre plantas, é porque, pelo menos no subconsciente, ele quer falar do assunto.

Você não precisa ter os mesmos interesses da outra pessoa para demonstrar entusiasmo. Pode apenas ser um detetive de palavras. Fale sobre o assunto com empolgação, mesmo que no fundo você não tenha interesse nele. O importante é não deixar a conversa morrer.

Técnica 18: *Detetive de palavras*
Como um bom detetive, preste atenção em cada palavra da conversa, em busca de pistas sobre assuntos. Com o tempo elas vão aparecer. Em seguida, com delicadeza, mude para o assunto, evitando fazer uma transição muito brusca.

Agora que você ressuscitou uma conversa que estava agonizando, veremos uma técnica para mantê-la.

19

Como cativar as pessoas escolhendo o assunto sobre o qual mais gostam de falar: elas mesmas

Existe um assunto sobre o qual *todos* adoram falar: sobre si. Se você conversar com uma pessoa sobre seus hobbies (ou qualquer outro assunto do seu agrado) e com outra sobre você mesmo, a conversa com a segunda pessoa lhe parecerá mais interessante.

Quando estimula as pessoas a falar sobre si, você nem precisa ser bom de papo – basta fazer as perguntas certas: sobre gostos, interesses, hobbies. Elas vão responder animadas. Se você deixar, vão falar horas a fio.

Pessoas confiantes sabem que têm mais a ganhar ao ouvir do que ao falar. Ao usar essa técnica, cativam a pessoa com quem estão conversando.

Use os refletores para fazer boas vendas

Em suas palestras, o consultor Brian Tracy explica que, se você é vendedor, não deve se limitar a explicar os benefícios do produto, pois o verdadeiro interesse do cliente não é no produto em si. Em vez disso, aponte o refletor para o próprio comprador – mostre o que *ele* tem a ganhar adquirindo seu produto. Isso aumenta suas chances de venda.

A luz do refletor nunca deve estar apontada para o vendedor, deve iluminar apenas levemente o produto e deve estar quase toda concentrada no próprio comprador.

> **Técnica 19:** *Refletor*
>
> Quando conhecer alguém, imagine um refletor giratório entre vocês. Quando você está falando, o refletor aponta para você. Quando a pessoa está falando, aponta para ela. Sempre que possível, aponte o refletor para longe de si, na direção da outra pessoa. Faça perguntas sobre ela, peça opiniões. Quanto mais o refletor ficar apontado para longe de você, mais a pessoa vai achá-lo interessante.

20

Como nunca ter que se preocupar com o que dizer a seguir

Há momentos em que até os mestres na arte de bater papo vão travar. Às vezes a outra pessoa mal se comunica, só emite grunhidos e não dá pistas para você usar o truque *Detetive de palavras* (técnica 18). Quando isso acontecer, use um truque infalível que eu chamo de *Papagaiar*, em homenagem à linda ave que conquista o coração de todos repetindo o que ouve: quando ficar sem saber o que dizer em resposta, repita o que a outra pessoa disse por último.

Se você deixar a TV ligada numa partida de tênis enquanto anda pela casa, vai ouvir a bola indo de um lado para outro – *plec-ploc, plec-ploc, plec...* e aí não ouve o *ploc*. A bola não bateu na quadra. O que houve? Você olha para a TV. O mesmo acontece numa conversa. A bola da conversa vai de um lado para outro. Primeiro você fala, depois a pessoa fala, então é sua vez de novo, e por aí vai. Quando a bola bater na sua quadra e você não souber como rebater, lance mão dessa estratégia. Se a pessoa disser "O mercado de ações está uma loucura hoje", responda com um "Sim, está uma loucura".

> **Técnica 20:** *Papagaiar*
> Quando você não souber o que falar, simplesmente repita as últimas palavras ditas pela outra pessoa. Com isso você lança a bola de volta para a quadra dela e só precisa ouvir. Só tenha cuidado para não fazer isso com muita frequência.

Profissional da papagaiagem

Você também pode usar essa técnica para revelar os verdadeiros interesses da pessoa. Os bons vendedores a usam para descobrir objeções e preferências de possíveis compradores, que muitas vezes nem eles mesmos são capazes de articular. Com isso são capazes de encontrar pistas e apresentar produtos que atendam melhor às necessidades dos clientes, que saem mais satisfeitos.

21

Como fazer a pessoa falar com animação

Tanto na vida social quanto na profissional, há aqueles momentos em que estamos numa roda de pessoas e parece que ninguém sabe ao certo o que dizer. Não é por mal, às vezes é só uma timidez coletiva associada ao fato de as pessoas não se conhecerem bem. Mas essas situações constrangedoras podem se transformar em momentos nos quais você pode fazer um amigo brilhar – e brilhar junto com ele.

Se você sabe que vai a um evento em que as pessoas não se conhecem muito bem e em que vai haver um intervalo, um tempinho para bate-papo, esteja preparado. Primeiro reflita por um segundo sobre quem vai comparecer. Pense em quais deles você conhece melhor e quais têm histórias interessantes para contar. Então, caso o gato coma a língua das pessoas, mencione casualmente uma história e peça para seu amigo contá-la. Vire para a pessoa e diga: "Fulano, fale daquela vez que você pescou uma truta de 15 quilos." Ou: "Sicrana, conte aquela história de quando salvou o gatinho na árvore." Implicitamente, o que você está dizendo é: "Sua história é tão fantástica que quero que meus outros amigos ouçam." Talvez a pessoa fique sem graça, mas no fundo ela vai gostar de contar uma história na qual se sai bem, sobretudo porque não foi ela quem trouxe o assunto à tona.

Alguns pontos a levar em conta:

Se você está num ambiente profissional, prefira histórias que tenham a ver com o assunto e evite histórias pessoais (a não ser, claro, que todos sejam amigos na roda).

Precisa ser uma história que o protagonista tenha orgulho (ou ao menos não fique constrangido) de contar.

Evite histórias em que alguém passe vergonha, mesmo que não seja quem vai contá-la. Ninguém quer falar da vez que perdeu uma venda, bateu o carro ou brigou no bar e passou a noite na cadeia. Deve ser uma história positiva em que o narrador saia como vencedor, e não como palhaço.

E, é claro, não jogue o holofote em alguém que você sabe que é tímido e que não gosta de ser o centro das atenções.

> **Técnica 21:** *Lembra daquela vez...?*
> Sempre que estiver numa reunião ou festa com uma pessoa importante para você, pense nas histórias que ela já tenha lhe contado. Escolha uma que seja adequada e da qual o grupo possa gostar. Então peça a ela que conte a história.

Com a técnica a seguir você aprenderá o jeito certo de compartilhar histórias positivas da sua vida.

22

Como ser visto como uma pessoa positiva

As pessoas costumam achar que, ao conhecerem alguém de quem gostem, devem contar um segredo, revelar uma intimidade ou fazer uma confissão para mostrar que também são seres humanos. Revelar que você fazia xixi na cama ou chupava o dedo quando criança – ou que está se tratando de uma doença qualquer – supostamente faz as pessoas gostarem de você.

Às vezes faz mesmo, mas nem sempre. Um estudo mostrou que, se você tem um status mais elevado que seu interlocutor, ao revelar um defeito ou uma fraqueza você o traz para perto.[8]

Se você já é conhecido do grupo e está numa boa situação agora, mas no passado viveu alguns perrengues, tudo bem contar histórias da época de dureza.

Mas, se está chegando agora, é melhor evitar essas histórias num primeiro momento. As pessoas não conhecem você bem o bastante para contextualizar a situação.

Quando você já está enturmado, não faz mal contar que já foi casado três vezes, tomou porres astronômicos na juventude ou foi demitido por justa causa, mas, se você sai contando esse tipo de coisa no início do relacionamento, a reação instintiva do outro é pensar: "Se eu mal o conheço e ele já me contou isso, o que mais vem por aí?" A pessoa acabou de conhecer você, não tem como saber que sua confissão foi um ato de generosidade, uma revelação bem-intencionada para se mostrar como alguém acessível.

> **Técnica 22:** *Destaque os pontos positivos*
> Num primeiro momento, as pessoas não estão preparadas para certas histórias. Por isso, ao conhecer alguém, guarde seus micos para si. Mais tarde, quando estiverem mais íntimos, vocês podem falar das bobagens que fizeram na vida e rir um bocado.

Até aqui, nesta parte você viu métodos assertivos para conhecer pessoas e aprender a bater papo casualmente. Na próxima técnica você aprenderá a evitar aquele sorriso sem graça que costumamos dar quando não fazemos a mínima ideia do que a pessoa está falando.

23

Como sempre ter algo interessante a dizer

Você já ouviu pessoas reclamando que não vão a uma festa porque não têm o que vestir? Acontece com frequência, certo? Mas quando foi a última vez que você ouviu alguém dizer que não pode ir à festa porque não tem nenhum assunto para conversar?

Para ir a um evento, você veste uma roupa adequada, cuida da aparência e vai. Mas calma aí: não está esquecendo o mais importante? E a conversa certa para melhorar sua imagem? Você pretende dizer qualquer coisa que surja na sua cabeça na hora?

Da mesma forma que não deve vestir a primeira roupa que vir no armário, você não pode falar a primeira coisa que pensar. Isso não significa que não possa seguir seus instintos durante a conversa, mas pelo menos esteja preparado para o caso de não se sentir inspirado.

O melhor jeito de se preparar para um evento é procurar saber das últimas notícias pouco antes de sair de casa. As pessoas sempre conversam sobre o que está acontecendo, não importa em que grupo você esteja. Basta ligar a TV no noticiário ou dar uma rápida olhada nos portais de notícias para se atualizar. Se você sabe que um assunto vem tendo muito destaque, procure as últimas notícias sobre ele.

Essa técnica vale para festas, mas também para o dia a dia em ambientes de trabalho. Se você já trabalhou num escritório sabe que nem sempre a conversa nos intervalos é sobre trabalho. Estar informado do que acontece é uma forma de mostrar que você está atento ao que acontece ao seu redor.

> **Técnica 23:** *Por dentro das últimas*
> A última coisa que você deve fazer antes de sair de casa – inclusive após dar uma última olhada no espelho – é saber das notícias. Qualquer coisa que tenha acontecido hoje pode ser útil. Saber as notícias importantes do momento também evita que você fique sem graça e tenha que perguntar sobre o que todo mundo está conversando.

Está pronto para elevar o nível da conversa? Esse é o objetivo das dicas da próxima parte.

Parte 3

Como ter conversas de alto nível

No mundo dos negócios, quando acabamos de conhecer uma pessoa, inevitavelmente nos comparamos a ela. O ser humano faz isso por instinto, e até animais que se veem pela primeira vez fazem algo parecido – se olham, veem o porte do outro, prestam atenção nos detalhes.

Também julgamos a capacidade comunicativa uns dos outros, e 85% do nosso sucesso se devem diretamente a ela.[9] Empregadores escolhem candidatos mais com base na capacidade de comunicação e na atitude do que na formação acadêmica e em experiências anteriores.[10]

Quando observamos as pessoas durante conversas casuais, percebemos quase imediatamente quem é "importante". Basta você soltar um clichê, fazer um comentário insensível ou ter uma reação ansiosa para perder uma possível amizade ou um contato profissional importante. Um passo em falso e você pode cair da escada corporativa ou social.

Com as técnicas desta parte você aprenderá a dar os passos certos para evitar que isso aconteça e chegar ao topo da escada.

24

Como descobrir o que as pessoas fazem (sem perguntar!)

Quando as pessoas conhecem alguém, costumam perguntar "O que você faz?". Evite fazer essa pergunta. Para descobrir em que as pessoas trabalham, seja sutil. Quando não faz essa pergunta diretamente, você aparenta ser uma pessoa que entende que somos muito mais do que o nosso trabalho.

Outra vantagem de não fazer essa pergunta é que você demonstra sensibilidade profissional. Hoje, com tantos cortes, reestruturações e falências, questionar sobre o trabalho do outro gera incômodo, e não só para alguém desempregado, afinal, infelizmente nem todos se orgulham do emprego que têm.

Um terceiro bom motivo para evitar essa pergunta: você passa a impressão de que está habituado a lidar com pessoas importantes. Quando você vai a uma festa com gente realmente bem-sucedida, percebe que ninguém pergunta o que os outros fazem – porque ali todos sabem que o trabalho não define quem a pessoa é.

A última vantagem de não fazer essa pergunta é evitar que as pessoas pensem que você só está interessado em fazer networking, e não em conhecê-las de verdade.

O jeito certo de descobrir

Como descobrir o que a pessoa faz para viver? Basta perguntar: "Como você passa a maior parte do tempo?" Esse é o modo gentil de permitir que alguém que passa o dia trabalhando com cadáveres, calculando impostos ou cuidando da casa se livre de responder o que faz. Você evita que a pessoa se sinta julgada pelo cargo que ocupa.

Se você faz essa pergunta a uma pessoa que adora falar do trabalho, num primeiro momento ela vai reclamar da boca pra fora ("Ah, meu Deus! Passo o tempo todo trabalhando"), mas na verdade está pedindo que você pergunte detalhes, e quando isso acontecer você vai passar o resto do tempo ouvindo. Esteja preparado.

Seja como for, quando você faz a pergunta de forma indireta, dá a seu interlocutor a opção de falar ou não do próprio trabalho, além de mostrar que costuma lidar com gente importante.

> **Técnica 24:** *Não pergunte diretamente sobre trabalho*
> Quando conhecer uma pessoa, evite perguntar o que ela faz ou com que trabalha. Para descobrir essa informação, pergunte como ela passa o tempo. Do contrário, vai parecer alguém que só quer fazer networking, é alpinista social ou nunca esteve com gente de alto nível.

25

O que dizer quando os outros perguntarem o que você faz

Noventa e nove por cento das pessoas que você conhecerá na vida vão perguntar: "O que *você* faz?" Os mestres na arte do bate-papo sabem que em algum momento alguém fará essa pergunta e estão preparados para respondê-la.

Farei uma breve analogia com o mercado de trabalho: muitas pessoas redigem um currículo e o enviam por e-mail para as empresas. Citam os cargos anteriores e a formação, mas enviam o mesmo currículo para todas as empresas. É como se ao fim do documento escrevessem: "Este sou eu. É pegar ou largar." E geralmente são largados, porque o empregador não encontra nada no currículo que se relacione diretamente com o que a empresa está procurando. Mas você pode fazer adaptações e dar destaque aos pontos em comum com a empresa à qual está mandando o currículo para aumentar a chance de contratação.

Da mesma forma, em vez de ter uma única resposta para a pergunta "O que você faz?", prepare variações e use a mais apropriada de acordo com quem perguntar. Para fazer um networking de qualidade, sempre que alguém fizer essa pergunta, responda com um currículo oral curto e calculado. E, antes de responder, pergunte-se qual interesse a pessoa pode ter em você e no seu trabalho.

"Veja como eu posso beneficiar você"

O importante é que você consiga mostrar em poucas palavras o que tem a oferecer. Quando liga para um possível cliente, Brian Tracy – um dos maiores consultores na área de aprimoramento profissional e pessoal do mundo – não diz: "Oi, meu nome é Brian Tracy. Trabalho com treinamento de vendas." Ele diz: "Oi, meu nome é Brian Tracy. Ofereço treinamento para executivos. O senhor teria interesse em conhecer um método comprovadamente capaz de aumentar suas vendas entre 20% e 30% num período de 12 meses?" Em vez de dizer apenas quem é ou o que faz, ele enfatiza os benefícios do que tem a oferecer.

Quando alguém perguntar, nunca responda com apenas uma palavra. Você não está diante de um formulário. Ao fazer networking profissional, pergunte-se: "Como minha experiência profissional pode beneficiar a vida dessa pessoa?"

Reflita sobre os benefícios que seu trabalho traz para a humanidade. Por exemplo, não diga que é "corretor de imóveis"; diga "Eu ajudo as pessoas a encontrar a casa certa". Não diga que é "consultor financeiro"; diga "Eu ajudo as pessoas a planejar seu futuro". Não diga que é "professor de artes marciais"; diga "Eu ajudo as pessoas a se defenderem ensinando artes marciais". Não diga que é "cirurgião plástico"; diga "Eu reconstruo o rosto de pessoas que sofrem acidentes e ficam desfiguradas" (ou, se for o caso, diga "Eu executo a cirurgia estética para ajudar as pessoas a parecerem tão jovens quanto se sentem"). Não diga que é "cabeleireiro"; diga "Eu ajudo as pessoas a encontrar o estilo de cabelo certo para seu tipo de rosto".

Um breve currículo para sua vida pessoal

Essa técnica também funciona na vida pessoal. Sempre que alguém fizer essa pergunta fora de um contexto profissional, tenha respostas empolgantes preparadas. Com isso você passará a impressão de ser uma pessoa interessante e divertida.

> **Técnica 25:** *Breve currículo*
>
> Assim como os bons candidatos a um cargo adaptam o currículo de acordo com a empresa à qual vão enviá-lo, você deve contar a melhor versão possível da sua história de acordo com quem vai ouvir. Antes de responder à pergunta "O que você faz?", questione-se: "Que interesse essa pessoa poderia ter na minha resposta? Ela pode me indicar para um empregador? Me contratar? Quer sair com a minha irmã? Quer ser minha amiga?"
>
> A capacidade de adaptar a informação de acordo com o ouvinte é um dos melhores truques de comunicação que podemos realizar, tanto para fazer networking quanto na vida pessoal.

26

Como parecer mais inteligente

Pessoas com vocabulário rico são consideradas mais criativas e inteligentes. São contratadas com mais frequência, promovidas em menos tempo e mais ouvidas no ambiente de trabalho. Embora conheçam mais palavras, elas jamais as usam de forma inadequada. Suas frases soam naturais e enriquecem a conversa. As palavras se encaixam.

A boa notícia é que você não precisa devorar um dicionário para ser considerado alguém com vasto vocabulário – basta aprender umas 50 palavras para dar a todos a impressão de que tem uma mente original e criativa.

É fácil adquirir esse supervocabulário. Você só precisa pensar em algumas palavras gastas do dia a dia – como *inteligente, legal, bonito* ou *bom* – e depois abrir ou acessar um dicionário de sinônimos. Procure a palavra que até você está cansado de se ouvir falando todo dia. Analise a longa lista de alternativas. Se você buscar a palavra *inteligente*, encontrará dezenas de sinônimos, alguns pitorescos, como *arguto* e *versado*; outros mais simples, como *genial* e *brilhante*.

Leia todos os itens em voz alta. Quais combinam com a sua personalidade? Experimente cada um como se fosse uma roupa até descobrir com quais se sente à vontade. Aprenda a usá-los com naturalidade, como se fizessem parte do seu vocabulário desde sempre. Da próxima vez que for elogiar a inteligência de alguém, por exemplo, diga "Foi muita *sagacidade* da sua parte" ou "Como você é *perspicaz*".

Se você for a uma festa muito boa, não diga aos anfitriões que ela foi *maravilhosa*. Isso todo mundo diz. Diga que foi *esplêndida, excepcional, extraordinária*. Abrace os anfitriões e diga que tudo estava *magnífico, notável, formidável*.

Se for levar sua esposa para jantar, diga que ela está *encantadora* com o novo vestido (mas atenção: se o elogio for repetido da próxima vez, ele perde o efeito).

Nas primeiras vezes talvez as palavras não saiam com naturalidade, mas vocabulário é questão de familiaridade. Use as novas palavras algumas vezes e com o tempo você se acostumará a elas, assim como se acostuma a um par de sapatos novos.

Técnica 26: *Vocabulário vasto*

Procure sinônimos de palavras que você costuma usar no dia a dia. Pronuncie-os para ver se você se adapta a eles. Se gostar, comece a substituí-la no dia a dia. Lembre-se: a diferença entre um vocabulário mediano e um vocabulário rico é de apenas 50 palavras. Substitua uma palavra por dia durante dois meses, e você estará na elite.

27

Como não parecer ansioso (deixe o outro descobrir com o tempo as semelhanças entre vocês)

Gostamos de estar perto de pessoas que fazem ou pensam o mesmo que nós, e, quando descobrimos nossas semelhanças, temos vontade de falar delas quanto antes. Mas, ao fazer isso, você parecerá *ansioso*. Por outro lado, quando deixamos que o interlocutor descubra a semelhança ou coincidência por conta própria, o impacto é muito maior.

Assim, sempre que alguém mencionar um interesse ou uma experiência em comum com você, em vez de sair gritando "Ei, eu também faço isso!" ou "Eu sei tudo a respeito disso!", deixe a pessoa falar à vontade sobre o assunto, pois ela o considera interessante, e interrompê-la será deselegante.

"Eu devo estar chateando você"

Se você está num evento e uma pessoa que acabou de conhecer diz que voltou recentemente de uma viagem, permita que ela fale sem interrompê-la. Deixe-a relembrar os pontos turísticos, o que gostou e o que não gostou. Faça perguntas específicas sobre onde ela se hospedou, onde comeu, que atrações visitou. Em dado momento ela perceberá que você também conhece a cidade. É nesse momento que você deve dizer que também visitou o lugar e acrescentar que estava gostando tanto de ouvi-la falar sobre a viagem que não quis interrompê-la. Garanto que ela vai abrir um sorriso de orelha a orelha e você fará uma nova amizade.

> **Técnica 27:** *Morda a língua*
> Quando tiver algo em comum com alguém, quanto mais você demorar para revelar, mais feliz (e impressionada) a pessoa ficará. Aos olhos dela, você parecerá uma pessoa mais confiante, e não uma pessoa ansiosa, louca para fazer uma conexão com um desconhecido ou simplesmente interessada em falar sobre si mesma.

Mas não espere demais para fazer a revelação, ou você parecerá falso.

28

Como mudar o foco da frase para conseguir o que quer

Quando crianças, achamos que somos o centro do universo. Tudo gira em torno de nós. Nossos pais só existem para satisfazer nossas necessidades. Começamos todas as frases com *eu*: "Eu quero isso", "Eu fiz aquilo". E a verdade é que quando crescemos não mudamos nada. Os adultos usam a civilidade e a educação para esconder o egocentrismo instintivo. Não importa o que aconteça, o cérebro humano imediatamente pensa: "Como isso *me* afeta?"

Vamos supor que você queira chamar uma amiga para jantar. Você diz: "Abriram um restaurante indiano ótimo aqui no bairro. Quer ir jantar lá comigo hoje à noite?" Antes de responder, a amiga vai pensar: "Quando ele diz 'ótimo', está falando da comida, do ambiente ou das duas coisas?" E continua: "Culinária indiana... sei lá. Ele diz que o lugar é bom, mas será que eu vou gostar?" Ao parar para pensar, sua amiga hesita, você leva a hesitação para o lado pessoal e a empolgação vai embora.

Mas imagine que você tivesse dito: "*Você* vai adorar o restaurante indiano que abriu no bairro. Quer ir jantar lá comigo hoje à noite?" Ao formular o convite dessa forma, você responde às perguntas que sua amiga se faria, e ela se sentirá mais disposta a aceitar o convite rapidamente.

Caso seu objetivo seja controlar, inspirar, ser amado, vender, chamar alguém para jantar, etc., procure iniciar o maior número possível de frases com aquela palavrinha poderosa de quatro letras: *você*.

Comece com "você" quando precisar de um favor

Quando você começa as frases com a palavra *você*, a reação do seu interlocutor é mais positiva, sobretudo se seu objetivo é pedir um favor – nesse caso, o *você* aciona o orgulho dele. Imagine que você queira tirar uma folga no trabalho e decida perguntar à chefe se pode faltar na sexta. A qual pedido ela reagirá melhor: "Chefe, será que *eu* posso tirar a sexta de folga?" ou "Chefe, *você* consegue se virar sem mim na sexta?"?

No primeiro caso, a chefe traduz "Será que eu posso tirar a sexta de folga?" como "Será que eu consigo me virar sem esse funcionário na sexta?". É um processo mental a mais, e você sabe que alguns chefes odeiam pensar! No segundo caso, "Você consegue se virar sem mim na sexta?", você já pensou pela chefe. Sua forma de perguntar faz com que, para ela, o fato de se virar sem você seja uma questão de orgulho. "Claro que consigo me virar sem você na sexta", pensa ela.

O mesmo vale na vida social. Que elogio faria você se sentir melhor: "*Eu* gostei do seu terno" ou "*Você* fica ótimo nesse terno"? Se você trabalha com vendas e quer convencer o cliente, comece a frase com "*Você* verá a importância de..." em vez de "É importante que...". Da mesma forma, diga "*Você* fez uma boa pergunta", e não apenas "Boa pergunta".

> **Técnica 28:** *Comece com você*
> Procure começar as frases com *você*. Isso atrai a atenção do ouvinte e provoca nele uma reação mais positiva, porque apela para o orgulho dele e o poupa de ter que "traduzir" a frase.

Na próxima técnica você vai ver como fazer o outro se sentir especial com um sorriso exclusivo.

29

Como fazer os outros pensarem que você não sorri para qualquer um

Na técnica 1 (*Sorriso lento*), vimos a importância de evitar sorrir automaticamente para qualquer pessoa que fale conosco. É uma dica fundamental, porque quando sorrimos muito rápido somos vistos como pessoas falsas. No entanto, tão importante quanto sorrir mais devagar é variar o sorriso.

Revise seu repertório de sorrisos

Seu sorriso é sua mais poderosa arma de comunicação, e você deve aprender tudo sobre seus efeitos. Para isso, separe cinco minutos e tranque-se no quarto ou no banheiro, para sua família não achar que você pirou de vez. Então fique diante do espelho e dê alguns sorrisos. Descubra as diferenças sutis no seu repertório.

Assim como você alterna entre "Olá", "Como vai?", "Tudo bem?", "Prazer em conhecê-lo", etc. ao ser apresentado a alguém, você deve variar o sorriso de pessoa para pessoa. Permita que cada sorriso reflita exatamente como você se sente em relação a quem o recebe.

Técnica 29: *Sorriso exclusivo*
Seu sorriso perde valor se você sorri do mesmo jeito para todo mundo. Ao se apresentar a um grupo de pessoas, dê a cada uma um sorriso diferente. Permita que seus sorrisos reflitam a beleza que você vê em cada rosto. Se uma pessoa do grupo for mais importante para você, reserve um sorriso especial para ela.

E o sorriso rapidinho?

Há ocasiões em que o sorriso rapidinho é válido. Por exemplo, quando você está interessado numa pessoa, quer ir falar com ela, mas não foi apresentado. Ou seja, em situações de flerte.

O poder do sorriso nessas situações foi comprovado por uma pesquisa intitulada "Flertando com homens: o efeito do contato visual e do sorriso em bares".[11] (Sem brincadeira.) Pesquisadoras faziam contato visual com homens desavisados enquanto bebiam algo num bar. Em alguns casos, acompanhavam o olhar com um sorriso.

Resultado: o cara abordava a mulher 60% das vezes que ela sorria. Sem o sorriso, ele abordava a mulher apenas 20% das vezes. Ou seja, o sorriso ajuda em situações de flerte.

Nas situações mais importantes, porém, prefira o *Sorriso lento* (técnica 1) e o *Sorriso exclusivo*.

30

Como não parecer um idiota

Uma das maneiras mais rápidas de parecer um idiota é usar clichês. Se você está conversando com alguém que perdeu um parente nos últimos tempos, nunca diga "O tempo cura tudo". Lamente, dê seu apoio, até abrace, mas evite essa bomba linguística. Da mesma forma, se você acha uma mulher bonita, evite dizer algo como "Ela é bonita como uma flor". Nesses casos, diga algo mais simples, como "Ela é linda".

Frases gastas só atrapalham a conversa. Pessoas que são boas de papo também *se viram nos trinta* ou *ficam felizes feito pinto no lixo*. Têm conhecidos que são *loucos de pedra, chatos de galocha* ou *arrebentam a boca do balão*. Eles *trabalham duro, parecem burros de carga* e *nadam em dinheiro*.

Mas será que algum deles se descreveria com essas palavras? *Nem aqui nem na China!* Porque, quando você solta um clichê, é como se estivesse dizendo: "Tenho pouca imaginação e capacidade comunicativa. Não consigo pensar em nada original para dizer, por isso uso essas expressões gastas, banais e sem conteúdo."

Soltar um clichê perto de pessoas bem-sucedidas fará você parecer alguém comum, sem nada de especial.

Técnica 30: *Fuja dos clichês como o diabo foge da cruz*
Evite clichês a todo custo. Não os use nem que a vaca tussa, a não ser que você queira parecer burro feito uma porta. Em vez disso, use a técnica a seguir para elaborar frases inteligentes.

31

Como técnicas de palestrantes motivacionais podem melhorar sua conversa

Palestrantes motivacionais são seres humanos capazes de condensar e utilizar todas as dicas de conversação possíveis e aplicá-las para encantar plateias inteiras. Sempre que possível, sugiro que as pessoas leiam um ou dois deles para entender melhor as técnicas e ganhar proficiência na arte de engajar muitas pessoas ao mesmo tempo. Mas existem algumas dicas rápidas que trazem ótimos resultados.

Uma pérola para cada ocasião

Pesquise metáforas para enriquecer suas conversas cotidianas. Em vez de dizer que está "feliz como pinto no lixo", experimente "radiante como um ganhador da loteria" ou "extasiada como uma criança tomando seu primeiro sorvete".

Crie expressões que causem impacto visual. Em vez de dizer um clichê como "certo como a morte" ou "certo como a cobrança do imposto de renda", experimente "certo como engarrafamento na praia no fim de semana" ou "certo como sua sombra ir atrás de você". Você não vê a morte ou os impostos, mas com certeza é capaz de visualizar um engarrafamento de fim de semana a caminho da praia ou a própria sombra no chão.

Procure criar metáforas que tenham a ver com a situação. Se você está andando de táxi, diga "tão certo como os números correndo no taxímetro". Se está conversando com um homem que passeia com o cachorro, diga "tão certo quanto seu cachorro estar pensando naquela árvore".

Faça rir

O humor enriquece qualquer conversa, mas não aquelas piadinhas que começam com "Já ouviu aquela do...?". Planeje seu humor e torne-o relevante. Numa situação profissional séria, um pouco de leveza demonstra que você está à vontade e quebra a tensão. Com isso você ganha a simpatia de todos e passa uma impressão positiva.

Um alerta

Por melhores que sejam suas piadinhas e tiradas, você fracassará se elas não se encaixarem na situação. Se você está numa reunião tensa e não tem certeza absoluta se a tirada vai funcionar, guarde-a para si. Nesses casos, é melhor manter a boca fechada do que ser visto como uma pessoa boba.

Técnica 31: *Use as habilidades dos profissionais da fala*
Não importa se você está num palco diante de milhares de pessoas ou no churrasco de família: aprenda e use as habilidades dos profissionais da fala para comover, divertir e motivar.

Leia livros de grandes palestrantes e oradores. Encontre pérolas de sabedoria e frases espirituosas e solte-as de vez em quando. Se você quer ser notado, bole uma frase maluca que os outros possam citar.

Elas podem rimar, ser inteligentes ou engraçadas, mas acima de tudo devem ser relevantes.

32

Como falar como os figurões

Se você entrar num elevador cheio de húngaros, provavelmente não saberá a nacionalidade deles, a não ser que fale o idioma. Mas quando você abrir a boca eles vão saber que você não é húngaro.

O mesmo acontece com gente importante. Quando você os ouve conversando, é possível que não reconheça que eles são importantes. Mas quando você abrir a boca eles vão saber que *você* não é um deles.

Quais são as grandes diferenças entre o jeito de falar de uma pessoa importante e o de quem não é? Uma das mais evidentes é o uso de eufemismos. Figurões não têm medo de falar as coisas como elas são. Eles não têm papas na língua. Não dizem que *vão ao toalete*, e sim *ao banheiro*. Se alguém é *rico*, ele usa exatamente essa palavra, ao contrário das outras pessoas, que ficam sem graça de falar sobre dinheiro e usam termos como *próspero* ou *tem boa condição*.

Quando usamos eufemismos, é como se estivéssemos dizendo: "Você é melhor do que eu. Estou na companhia de gente educada, por isso vou usar uma palavra bonitinha."

Pessoas bem-sucedidas usam as palavras certas para se referir às coisas, sem se esconder atrás de uma linguagem mais simples ou politicamente correta. Não fazem isso porque são mal-educadas ou porque se sentem superiores, mas porque têm segurança suficiente para falar de forma correta e objetiva.

> **Técnica 32:** *Chame as coisas pelo nome*
> Evite os eufemismos e chame as coisas pelo nome. Isso não significa que você possa falar palavrões em situações para as quais existem outras palavras perfeitamente cabíveis. Use a língua da forma correta e com naturalidade.

33

Como evitar o pior hábito de conversa do mundo

Imagine-se na seguinte situação: sua empresa oferece aos funcionários um jantar comemorativo porque bateu as metas do ano. A noite começa feliz, com drinques, seguidos por um prato principal maravilhoso acompanhado por vinhos excelentes. O papo está descontraído. No fim da noite, o presidente, nitidamente bêbado, decide fazer um brinde, mas está zonzo e, ao erguer a taça, derrama um pouquinho de bebida na mesa. Nesse momento, alguém à mesa faz um comentário sarcástico.

Embora seja um momento de descontração, essa pessoa acabou de criar um grande problema para si. A verdade é que comentários irônicos e provocações bobas estão entre as maiores gafes que podemos cometer num ambiente profissional. Não agradam a ninguém nem fazem você parecer espirituoso. Ao fazer isso, a pessoa ganha uma mancha na ficha pessoal e também na profissional.

Se você está almoçando com um colega e ele está comendo mais do que o normal, não comente sobre isso. Se seu amigo está perdendo cabelo, não mencione a careca dele. Guarde os comentários desse tipo para si. Na hora você pode até achar que está apontando para um defeito da pessoa, mas na verdade o defeito está em você.

Técnica 33: *Nada de provocações*

O uso de provocações é um claro sinal de que você não sabe conversar como adulto. Às vezes parece que você só está fazendo uma piadinha inocente, mas no fundo são os outros que vão rir por último, quando você bater a cabeça na barreira invisível que eles constroem para impedir que você suba na escada corporativa ou social.

Nunca faça piadas que inferiorizem outra pessoa. Você acabará pagando caro.

34

Como dar uma notícia ruim (e fazer as pessoas gostarem ainda mais de você)

No Egito Antigo, quando um mensageiro chegava ao palácio, o faraó o tratava bem caso recebesse notícias boas. Mas, quando o mensageiro tinha o azar de levar notícias ruins, era decapitado.

Ainda existem resquícios desse costume, guardadas as proporções, obviamente. Ninguém gosta de receber notícias ruins. Então, se você vai dar más notícias, por que piorar uma situação que já é ruim? Se seu vizinho está saindo para um piquenique e você viu que vai chover, tudo bem avisar, mas não com um sorriso no rosto, como se estivesse satisfeito em estragar os planos alheios. Coloque-se do outro lado: você gostaria de chegar ao trabalho e ver alguém todo animado dizer que descobriu que você vai ser demitido?

O problema nem sempre é a notícia em si, e sim o jeito como ela é dada. Todo mundo precisa dar notícias ruins de vez em quando, mas existe um jeito adequado. Um bom médico demonstra compaixão ao informar a uma paciente que ela precisará fazer uma cirurgia. Um bom chefe adota um tom gentil ao explicar a um funcionário por que ele não será promovido. Ao dar más notícias, temos o dever de compartilhar o sentimento de quem as recebe. Isso se chama ter empatia.

Infelizmente muitas pessoas não têm essa sensibilidade. Como você se sente quando chega ao hotel após um voo longo e cansativo e o recepcionista diz animadamente que o seu quarto ainda não está pronto? E quando você escolhe um prato e o garçom fala com um sorriso de orelha a orelha que acabou de servir o último? É irritante, não é?

> **Técnica 34:** *Pense antes de lançar a bola*
> O técnico substitui o jogador de futebol que passa a bola aleatoriamente, sem pensar em quem vai recebê-la. Da mesma forma, antes de dar qualquer notícia, você deve pensar em quem vai recebê-la e demonstrar o sentimento adequado. Se a notícia for boa, sorria; se for triste, demonstre seriedade.

Saber dar más notícias é uma arte. E saber não dar nenhuma notícia, mesmo sob pressão, também é fundamental. Falaremos disso a seguir.

35

Como reagir quando você não quer responder (e quer que a pessoa pare de repetir a mesma pergunta)

A todo momento ouvimos perguntas invasivas, geralmente na vida pessoal (quem não tem um tio sem noção que faz as perguntas mais absurdas à mesa durante um almoço?), mas muitas vezes no trabalho. Isso acontece com frequência, e todos estamos sujeitos a esse tipo de situação. Como agir nos casos em que você simplesmente não quer (ou não pode) responder?

Num primeiro momento dê uma resposta firme e decidida, estabelecendo seus limites. Mas, se a pessoa continuar perguntando, use a técnica *Disco arranhado*. Repita sua resposta em tom neutro, sem agressividade. Ao fazer isso você deixará claro que seus limites estão sendo ultrapassados, mas que não se deixará influenciar por pressões externas, sobretudo se a pergunta misturar vida pessoal com profissional.

Se você acabou de passar por um divórcio e alguém pergunta como está sendo, responda algo como: "Está correndo tudo bem e vamos seguir com nossa vida separadamente." Se a pessoa repetir a pergunta, repita a resposta, palavra por palavra. Se ela insistir, não mude a resposta nem o tom. Em algum momento o fofoqueiro vai perceber que é melhor mudar de assunto.

> **Técnica 35:** *Disco arranhado*
> Quando alguém insistir em fazer perguntas sobre um assunto desagradável ou sobre o qual você não queira falar, simplesmente repita a primeira resposta que deu. Use as mesmas palavras no mesmo tom de voz. Em geral a pessoa vai perceber e se calar rapidamente, mas, caso ela continue pressionando, siga repetindo a mesma resposta.

Aliás, vale fazer a seguinte reflexão: se você detesta quando alguém faz esse tipo de pergunta, pense duas vezes antes de fazer perguntas pessoais, em especial no ambiente de trabalho. Outra coisa: essa regra deve ser seguida à risca se alguém lhe perguntar sobre a vida particular de um terceiro. Você não vai querer ser visto como um fofoqueiro.

36

Como falar com uma celebridade ou um ídolo

Você acaba de se sentar para jantar num bom restaurante. Olha para a mesa ao lado e... quem está ali? Não é possível, é sua celebridade predileta! O que você faz? Pede para tirar fotos ou um autógrafo? Nada disso. Deixe-a curtir um momento de tranquilidade. Se ela olhar na sua direção, sorria, cumprimente com a cabeça e volte a atenção para sua companhia.

Mas, se você *precisa* falar com ela, eis um jeito de fazer isso com elegância. Imagine que seja uma estrela do cinema. Quando você ou ela tiver pagado a conta e estiver prestes a ir embora, aproxime-se e diga algo do tipo: "Boa noite, [nome da pessoa], só quero dizer que seus filmes são maravilhosos e me proporcionaram muito prazer ao longo dos anos. Muito obrigado."

Captou a sutileza? Você não está elogiando o trabalho dela. Afinal, ela pode se perguntar: "Quem é você para julgar se eu sou um grande ator ou não?" Você só pode falar do seu ponto de vista, expressando quanto prazer os filmes dela lhe proporcionaram.

Após falar, deixe sua linguagem corporal expressar que, se a celebridade quiser deixar por isso mesmo e encerrar a interação, tudo bem. Mas, caso ela tenha se sentido cativada pelo seu elogio, aproveite. Só esteja sempre atento para captar o primeiro sinal de que ela não quer mais falar com você.

Aliás, se a celebridade estiver acompanhada e sua conversa

durar mais do que alguns segundos, direcione algum comentário à pessoa acompanhante.

Elogie os últimos trabalhos

Um ponto importante: se você vai falar com uma estrela de cinema, por exemplo, provavelmente ela está superenvolvida com o último filme; o jogador de futebol, com a última partida; o escritor, com o último romance – e assim por diante. Portanto, ao elogiar o trabalho da celebridade, comente sobre o trabalho atual ou mais recente. Dizer a um cineasta que você adorou um filme que ele fez em 1980 não o fará gostar de você. "E todos os filmes maravilhosos que fiz desde então?", pensará ele. Atenha-se ao presente ou ao passado recente, se possível.

> **Técnica 36:** *Não importune a celebridade*
> Evite bajular celebridades. Quando for falar com um famoso, não elogie o trabalho dele, simplesmente diga quanto prazer ele lhe proporcionou. Se for citar algum feito, prefira algo recente, e não algo antigo. Se o famoso não estiver sozinho, encontre um modo de envolver a companhia dele na conversa.

Um último adendo: nunca, em hipótese alguma, peça para a celebridade "dizer algumas palavras" (se for ator), cantar uma música (se for cantor), etc. Para ela, isso é trabalho. Um dentista não gostaria que alguém o abordasse na rua e pedisse para dar uma olhada no molar. Assim, deixe a pessoa se divertir em paz. Celebridade também é gente.

37

Como fazer as pessoas ficarem felizes com seu agradecimento

Encerro a Parte 3 com uma técnica simples e agradável, que sinaliza que você se comunica bem e estimula as pessoas a fazer coisas boas por você. Ou a elogiar você. Ou a fazer negócios com você. Ou até a se apaixonar por você. Pode ser usada com qualquer pessoa e, quando você aprender a executá-la de forma instintiva, começará a usá-la todos os dias.

Resumindo, nunca diga apenas *obrigado*. Complemente com a explicação do agradecimento. Quando você compra um produto na loja e o atendente lhe dá o troco, você diz apenas "obrigado". Mas esse é o mesmo "obrigado" que você diz a um cliente importante que faz uma compra grande na sua loja? Ou a uma pessoa querida que prepara um jantar delicioso para você? É claro que não.

Sempre que a ocasião merecer algo além de um reconhecimento automático, acrescente o motivo do seu agradecimento:

Obrigado por ter vindo.
Obrigada por ser tão compreensivo.
Obrigado por esperar.
Obrigada por ser um cliente tão bom.
Obrigado por ser tão amoroso.

Quando desembarcamos de um avião, o piloto e o copiloto costumam ficar parados junto à porta da cabine para se despedir dos passageiros. Nesse momento, diga: "Obrigada por nos trazer em segurança até aqui." O efeito é surpreendente.

> **Técnica 37:** *Além do agradecimento*
> Nunca diga apenas "obrigado". Sempre explique o motivo do seu agradecimento: "Obrigado por vir", "Obrigado por me acompanhar até em casa", "Obrigada pela gentileza", etc.

Obrigada por ler a Parte 3 deste livro!

Agora vamos passar para outro desafio de quem quer se tornar um mestre da comunicação: como falar sobre qualquer assunto com qualquer pessoa – desde contadores até zen-budistas –, mesmo que vocês não tenham nada em comum.

Parte 4

Como participar de qualquer grupo

Do que eles estão falando?

Você está numa festa e as pessoas estão falando sobre um monte de assuntos que você desconhece porque pertencem a uma área profissional da qual você não faz parte. Você fica ali, com um sorriso sem graça, quieto, com medo de falar bobagem. Prefere sofrer em silêncio.

Todos nós temos nossos assuntos prediletos e, quando estamos com gente da nossa área de atuação ou que tem interesses iguais aos nossos, falamos pelos cotovelos. Quem não é da área fica sem entender nada.

Mas, assim como um pescador joga uma isca para o peixe, você só precisa fazer as perguntas certas para as pessoas se abrirem. Mas aquela ideia de que se demonstrarmos interesse sincero as pessoas falarão só vale até certo ponto. Numa conversa, é necessário ter pelo menos algum conhecimento sobre o ramo da pessoa para fazê-la se abrir. É preciso demonstrar uma curiosidade bem embasada, do tipo que faz parecer que vale a pena falar com você.

Na Parte 4 vamos explorar técnicas para fazer as pessoas o incluírem como se você fizesse parte da turma.

38

Como falar sobre qualquer hobby ou passatempo

Já reparou que as pessoas que pegam ônibus só sabem dar informações sobre os que usam? Isso é normal (embora às vezes seja irritante para quem pede informações), pois as pessoas só sabem falar daquilo que vivem. Nossas experiências são nosso único ponto de referência para entender o mundo. É como se estivéssemos limitados pelas nossas vivências.

Mas, para quem quer dominar a arte da conversação, é fundamental abrir os horizontes e aprender sobre coisas além do nosso círculo imediato. É como se cada pessoa fosse um mundo único de conhecimento e experiência, e a chave para a compreensão plena estivesse em compartilhar e absorver essas diferentes perspectivas.

É por isso que ter experiências diferentes é tão enriquecedor. Em vez de nos limitarmos ao nosso universo pessoal, precisamos explorar e compreender a vastidão de experiências que o mundo tem a oferecer. Imagine quantas oportunidades de conversa você já perdeu na vida por não saber nada a respeito de outras atividades.

Vá soltar uma pipa!

Na técnica *Terapia do agito*, você agita a sua vida. Durante um fim de semana por mês, realize uma atividade que não pensaria em fazer em outro momento. Em geral você joga futebol nos fins de semana? Neste vá fazer uma caminhada. Faz caminhadas? Neste faça uma aula de tênis. Joga boliche? Vá fazer rafting. Vá a uma exposição de antiguidades, aprenda a jogar xadrez, passeie de balão, jogue bilhar, ande de caiaque, solte pipa! Com isso você vai ter assunto para conversas pelo resto da vida, simplesmente por ter feito a atividade uma vez. Você aprenderá a falar o mínimo para conversar com quem conhece o assunto e a usar os termos certos, e nunca mais ficará sem jeito quando o assunto surgir.

Técnica 38: *Terapia do agito*

Dê uma agitada na sua vida uma vez por mês. Faça uma coisa que jamais pensou em fazer. Pratique algum esporte, vá a uma exposição, assista a uma palestra sobre algo muito fora do seu gosto comum. Com apenas um contato você conhecerá 80% do jargão e das perguntas de quem conhece o assunto.

39

Como parecer que você sabe tudo sobre o trabalho da pessoa

Pior que entrar numa conversa sobre hobbies e não entender nada do assunto é entrar numa conversa sobre trabalho e não fazer ideia do que as pessoas estão falando. E quem está participando da conversa não gosta de ter que ficar parando para explicar o básico a quem não entende.

Na prática, porém, é fácil evitar esse tipo de constrangimento: você só precisa aprender algumas perguntas iniciais para começar o papo com qualquer grupo. Faça algumas perguntas, ouça as respostas com atenção e entre na conversa.

A primeira pergunta é fundamental

Pelo seu primeiro saque, um tenista sabe se você é bom. O mesmo vale para a conversa. Se você vai conhecer uma escritora, não pode começar dizendo: "Ah, você é escritora. Quando vai escrever o maior romance da história?" Se ouço algo do tipo, já sei que estou falando com alguém que não faz a menor ideia de como funciona o meu mundo. Mas se a pessoa diz "Ah, você é escritora. Escreve ficção ou não ficção?", eu sei que estou conversando com alguém que conhece minimamente o meu universo, porque essa é uma pergunta comum entre escritores. Vou querer conversar com essa pessoa, porque presumo que ela tenha algum conhecimento sobre o tema. Mesmo que o assunto mude logo depois, ficarei com a impressão de que a pessoa é bem-informada.

Para cada profissão, esporte ou interesse em geral existem perguntas iniciais que todos da área fazem, mas também há perguntas idiotas, feitas por quem não entende nada. Quando um astronauta encontra outro, pergunta "De que missões você participou?", e nunca "Como você faz para ir ao banheiro lá em cima?". Um dentista pergunta a outro "Você é generalista ou tem alguma especialidade?", e nunca "Ouviu alguma piada boa sobre dor ultimamente?".

A boa notícia é que é fácil aprender o básico para bater papo sobre as profissões. Você não precisa dominar o jargão, apenas ser capaz de fazer perguntas iniciais, de modo a parecer que é do ramo. Depois vem a parte divertida: quando você revela que não é da área, seu interlocutor fica muito mais impressionado e pensa: "Essa pessoa sabe das coisas!"

> **Técnica 39:** *Aprenda o jargão de outras profissões*
> Aprenda o jargão de outras profissões para parecer bem-informado. E como aprender? Peça a um amigo do ramo que ensine algumas coisas básicas ou assista a vídeos na internet. Você precisa de poucas palavras para ter muitas recompensas. Sempre que for a um evento com muita gente de um mesmo ramo, reserve um tempinho para estudar a linguagem específica daquela área.

Na prática, você só precisa fazer duas boas perguntas e saber que perguntas evitar.

Agora, digamos que você tenha começado com a pergunta certa sobre o trabalho da pessoa. Feliz, ela responde e acrescenta detalhes. O que fazer? Se você ainda não quiser revelar que não é da área, precisa dominar a próxima técnica.

40

Como estimular as pessoas a falar

Você vai a uma festa onde só vai haver médicos, mas não é da área. Pesquisou e até memorizou os assuntos básicos sobre os quais os profissionais conversam quando se conhecem: "Qual é a sua especialidade?", "Você trabalha em algum hospital?". Mas e se você quiser se aprofundar?

Nesse caso, procure saber o que tem deixado os profissionais da área agitados. Na festa lotada de médicos, por exemplo, faça perguntas como "Como é a sua experiência com os planos de saúde?" ou "Como o ambiente médico atual afeta você?".

E quando você faz perguntas sobre assuntos polêmicos, inevitavelmente estimula as pessoas a falar, porque cada um tem uma opinião forte e está disposto a defendê-la com unhas e dentes.

O que realmente interessa

Cada setor tem seus assuntos do momento, que são desconhecidos pelo resto do mundo. Por exemplo, as livrarias independentes reclamam que as grandes cadeias estão dominando o mercado. Os advogados passam noites em claro preocupados com o seguro de responsabilidade civil. Os dentistas trincam os dentes por causa das dificuldades com o plano de saúde. Nós, escritores, reclamamos da pirataria.

> **Técnica 40:** *Dedo na ferida*
> Se você vai a um evento onde haverá muitas pessoas da mesma profissão, descubra que assuntos vêm gerando controvérsia. Todo ramo de atividade tem suas polêmicas, que só são conhecidas por quem faz parte dele. Para dar vida à conversa, toque nesses assuntos.

Conversar sobre a profissão do outro nunca é fácil – é preciso pisar em ovos para não falar bobagem. A boa notícia é que é fácil conseguir assunto. Basta perguntar a um amigo da área ou pesquisar na internet. Em minutos você será capaz de bater papo sobre o trabalho de qualquer pessoa a noite toda.

41

Como saber mais sobre uma pessoa

Hoje em dia é possível ficar por dentro dos interesses de alguém mesmo sem conhecer a pessoa de fato. Se você quiser conhecer um pouco mais sobre alguém, procure na internet que tipo de postagem a pessoa publica, que tipo de conteúdo costuma consumir, e use essas informações para bater um papo descontraído e formar laços com naturalidade quando conversarem pessoalmente. Essa pesquisa prévia também vai ajudar você a saber em que ramo a pessoa atua e a aprender alguns termos técnicos para evitar gafes.

Nas redes sociais você consegue descobrir seus gostos, seus hábitos e suas opiniões, mas tenha cuidado: evite seguir pessoas que você mal conhece, porque ninguém gosta de se sentir stalkeado na internet. No entanto, uma pesquisa básica e inofensiva pode ajudar bastante a criar uma conexão, seja pessoal ou profissional.

Além disso, ficar atento às questões atuais discutidas em diversas áreas é importante para se sentir familiarizado com mundos diferentes do seu; em pouco tempo você será capaz de conversar sobre qualquer assunto com qualquer pessoa, mesmo que não tenha muito em comum com ela. E também começará a perceber os resultados: fará amizade com pessoas de círculos sociais tão distintos que vai passar a apreciar esse trabalho de pesquisa.

Técnica 41: *Informe-se*

Semana que vem você tem uma reunião com um grande cliente e quer causar boa impressão? Descubra seus interesses através das redes sociais. Se ele é apaixonado por golfe, futebol, surfe, pesquise sobre esses assuntos. Se ele é zen-budista, leia alguns textos. Na internet você vai encontrar de tudo um pouco. Use essa regra com bom senso e moderação.

Com a próxima técnica você vai parecer legal em qualquer lugar do mundo e evitará ser visto como mal-educado em outros países.

42

Etiqueta em outros países

Digamos que você vai viajar a negócios para outro país. Quais são os dois primeiros itens na sua lista de tarefas? Tirar visto/passaporte e aprender as expressões básicas da língua, certo? Mas tem uma coisa que a maioria das pessoas se esquece de aprender: os costumes locais.

Cada país tem suas regras de etiqueta, sobretudo para quem viaja a trabalho. Se você vai ao Japão, por exemplo, precisa saber que por lá muitos dos nossos costumes são vistos como falta de educação: das roupas que usamos para comparecer a reuniões à forma como cumprimentamos cada indivíduo, de gestos aparentemente inocentes à forma de fazer elogios.

Claro, há países cujas regras de etiqueta são mais flexíveis ou parecidas com as nossas, mas cada lugar tem suas peculiaridades, e nunca é bom criar situações desconfortáveis com pessoas que não conhecemos. Por exemplo, o sinal de "ok" feito em várias partes do mundo – unindo a ponta do polegar à do indicador – é considerado um gesto obsceno no Brasil.

É importante respeitar os protocolos alheios. Nós adoramos andar com roupas confortáveis e abraçar as pessoas ao conhecê-las, mas há lugares em que isso não é bem visto. Assim, procure conhecer os costumes locais, para saber até que ponto você pode ser você mesmo. Com uma busca na internet você pode evitar gafes, mal-entendidos e até problemas profissionais.

> **Técnica 42:** *Bons costumes*
> Antes de pisar em solo estrangeiro, pesquise na internet as regras e os tabus do lugar. Antes de apertar mãos, dar um presente, gesticular ou mesmo elogiar alguém, descubra se é apropriado. Um deslize cultural pode arruinar a viagem.

Na próxima dica você descobrirá como se informar para alcançar recompensas imediatas, tangíveis e calculáveis. E como estar por fora pode doer no bolso.

43

Como convencer a pessoa a aceitar seus pedidos

Nunca subestime a engenhosidade humana para alcançar seus objetivos. O ditado "Vale tudo no amor e na guerra" deveria ser "Vale tudo no amor, na guerra e para eu conseguir o que quero". Antigamente, era comum as pessoas usarem o nome de celebridades para reservar mesas em restaurantes chiques e concorridos, e na hora H o famoso em questão não aparecia porque "tinha surgido um imprevisto".

Não recomendo táticas sujas. Em vez delas, sugiro um truque decente chamado *Blefar para pechinchar*, muito útil, por exemplo, para quem vai adquirir um seguro. Corretores costumam usar uma linguagem técnica para empurrar coberturas adicionais que quase nunca valem a pena, pois sabem que o cliente, ingênuo, vai se assustar com as possibilidades remotas e acabar pagando por algo que nunca vai usar. Mas já reparou que eles falam de outro jeito quando conversam entre si, mesmo sobre trabalho? Eles mudam o tom de voz, se acalmam e abandonam os termos técnicos.

Isso acontece porque, quando conversam entre si, eles sabem o que é papo furado e o que não é. Um corretor de seguros não consegue enganar outro, assim como um vendedor de automóveis sabe que não vai conseguir enrolar outro para vender um carro que não vale a pena.

Em praticamente todo ramo de atividade existem dois preços para bens e serviços: um para quem é do setor e outro para o restante das pessoas. Um pouco de conhecimento faz uma grande diferença quando você quer comprar algo. Quando você sabe os jargões usados por fornecedores de bufês, concessionárias, mecânicos e outras empresas de serviços para se aproveitar das pessoas desavisadas, fica mais difícil enganá-lo. Você não precisa saber muito do assunto, só alguns termos específicos para mostrar que conhece jargões do ramo de atividade e dar a impressão de que sabe qual é o melhor negócio.

Novamente, para isso a internet é fundamental. Com uma busca rápida você descobre glossários, vídeos, sites que explicam termos de todas as áreas possíveis. Vai descobrir até como os profissionais dessas áreas enrolam os leigos, para não cair nas mesmas armadilhas.

Outra técnica importante é conhecer a concorrência. Nunca feche negócio de primeira. Se você quer comprar uma joia, em vez de ir direto à sua joalheria predileta e fazer perguntas bobas sobre diamantes, vá a outras lojas, converse com vendedores e capte termos da área. Quando tiver aprendido o jargão, vá ao lugar onde pretende fazer a compra. Como você já conhece a linguagem deles, não será enrolado e conseguirá um preço melhor.

Técnica 43: *Blefar para pechinchar*

A antiga arte de pechinchar, muito comum nos antigos mercados árabes, permanece viva. Seja qual for o valor do produto, o preço cai muito quando você sabe negociar.

Antes de comprar algo caro, contate vários fornecedores e lojas – alguns para aprender os jargões do ramo e cotar os preços, e um no qual você pretende comprar de fato. Conhecendo melhor as especificidades do ramo, você não será enrolado na hora H.

Na Parte 5 vamos aprender a nos aprofundar nos assuntos e a dar ao nosso interlocutor a impressão de que compartilhamos com ele aquilo que mais importa: suas crenças e seus valores.

Parte 5

Como criar uma sensação de pertencimento

"Puxa, nós somos iguaizinhos!"

Se você observar atentamente um bando de pássaros, verá sanhaços voando com sanhaços, andorinhas com andorinhas e canários com canários. De certa forma, é o que acontece com os seres humanos, pois somos mais receptivos a pessoas que pareçam compartilhar nossos valores. Num estudo, os pesquisadores pediram aos participantes que fizessem um teste de personalidade e crenças.[12] Em seguida os pesquisadores dividiram os participantes em pares e os instruíram a passar um tempo juntos, explicando a metade das duplas que ambos tinham crenças muito semelhantes. À outra metade, disseram que os dois tinham crenças opostas. Nenhuma das duas afirmações era verdadeira.

Ao final, quando questionados sobre quanto haviam gostado uns dos outros, os indivíduos que acreditavam ser parecidos com o parceiro se sentiram mais conectados com o outro do que os indivíduos que pensavam ser diferentes. Ficamos mais à vontade confiando nossos negócios, nosso amor e nossa amizade a pessoas que acreditamos compartilhar nossos valores e crenças. Com esse fato em mente, ofereço a seguir seis técnicas para ensinar você a criar essa sensação de identificação com qualquer pessoa.

Além de forjar um relacionamento mais profundo com amigos, clientes e sócios, essas técnicas lhe permitem se relacionar melhor com pessoas bem diferentes de você, abrindo portas que talvez estivessem fechadas.

44

Como fazer outra pessoa achar que vocês são "iguais"

Assim como as andorinhas batem asas mais rápido do que uma gaivota, pessoas de diferentes origens se movimentam de maneiras distintas. Por exemplo, em geral, quem nasce e cresce no campo prefere manter mais distância de outras pessoas. Já quem nasce e cresce em grandes centros urbanos não costuma ter problemas com a proximidade. Pessoas de países asiáticos tendem a fazer movimentos discretos, ao passo que as de origem italiana gesticulam largamente a todo momento.

Antigamente as pessoas faziam curso de etiqueta para aprender a se portar em situações sociais. Sabiam o jeito certo de segurar a xícara de chá, de se sentar, etc. A diferença de postura entre elas e as pessoas que não faziam cursos do tipo era gritante.

Não existe certo ou errado nessa história, mas os grandes comunicadores sabem que devem emular os modos da pessoa com quem estão negociando ou conversando por entender que as pessoas se sentem mais à vontade com quem se *movimenta* como elas.

Se você trabalha com vendas, copie não só o jeito do seu cliente, mas também do seu produto. Você vende ternos sob medida? Tenha decoro, seja comedido. Vende jeans? Seja mais despojado. Vende conjuntos de moletom? Demonstre uma postura mais esportiva. Lembre-se: você é a experiência de compra do seu cliente, portanto é parte do produto que ele está comprando.

Técnica 44: *Imite a ação*

Observe os gestos das pessoas com quem você conversa. Elas fazem movimentos curtos ou amplos? Rápidos ou lentos? Travados ou fluidos? Típicos de pessoas idosas ou jovens? De pessoas tranquilas ou agitadas? Enxergue a pessoa como sua professora de dança. Observe o corpo e os movimentos dela e imite seu estilo. Inconscientemente ela se sentirá à vontade em sua presença.

45

Como fazer as pessoas sentirem que você é "da família"

Já aconteceu de você estar conversando com alguém que acabou de conhecer e pensar "Nós pensamos igual, temos a mesma energia"? É uma sensação maravilhosa, um sentimento repentino de proximidade, aquela sensação surpreendente de "Acabei de fazer um velho amigo!".

Crianças fazem amigos com mais facilidade. Crescem morando próximas, têm sempre a mesma energia. Então os anos passam, elas envelhecem, se mudam para longe. As experiências, os objetivos e os estilos de vida as afastam. E a sinergia vai embora.

Não seria fantástico contar com um instrumento linguístico capaz de nos alinhar com a energia de todo mundo? Ele existe. Chamo essa técnica de *Eco* porque nela você ecoa as palavras exatas do seu interlocutor.

"Estamos na mesma vibe"

Quando quiser dar a alguém a sensação de que vocês são parecidos, use os mesmos termos que a pessoa usar. Se você está vendendo um carro para uma jovem mãe que diz que se preocupa com segurança porque tem um *guri*, ao explicar os itens de segurança do automóvel, use a palavra dela, e não a que você usa para se referir a seus filhos. Não diga que a porta tem *trava de proteção para crianças*, diga: "O guri não consegue abrir a janela, por causa do dispositivo que é controlado pelo motorista." Quando a mãe ouve a palavra *guri*, sente que você é da "família", porque as pessoas próximas a ela usam esse termo.

Numa festa, você pode ter contato com pessoas de diversos interesses, origens e profissões. Num momento você bate papo com uma advogada, um gerente de banco, um dono de barco, um taxista; em outro, com alguém que coleciona discos, joga futebol no fim de semana, adora ler, etc. Às vezes a conversa é sobre trabalho, e as pessoas acabam usando jargões da profissão. Esses você não precisa repetir a todo momento, mas pode usar com parcimônia, quando estiver seguro do que significam.

Essa técnica é fundamental para quem trabalha com vendas. Por exemplo, se você trabalha com móveis planejados e seu cliente é médico, ele não vai reformar o escritório, e sim o *consultório*; se é advogado, vai reformar a *firma*; se é jornalista, vai reformar a *redação*. Ao usar o termo correto você se aproxima dos clientes e aumenta a chance de venda.

Técnica 45: *Eco*

Preste atenção nas palavras que seu interlocutor pronuncia e use-as na conversa. Quando ele ouve palavras que usa sendo ditas por você, cria-se uma conexão subliminar. No inconsciente, a pessoa sente que você compartilha os valores, as atitudes, os interesses, as experiências dela.

A técnica do eco evita constrangimentos

Há situações em que você pode ter problemas ao usar a palavra errada. Se acaba de conhecer um farmacêutico que trabalha numa *farmácia*, nunca pergunte como é o trabalho na *drogaria*. Ele pode se incomodar, porque *drogaria* vende apenas medicamentos, ao passo que a *farmácia* também os produz por manipulação. Se a pessoa é cadeirante, nunca a chame de *deficiente* – isso a faz sentir que não é uma pessoa inteira. Prefira *pessoa com deficiência*. É simples e eficaz.

Ao repetir os termos usados pelas pessoas você demonstra respeito e faz com que se sintam próximas de você.

46

Como criar expressões e analogias para esclarecer o que você quer dizer

Analogias são como facas de dois gumes: podem resumir e esclarecer um conceito complicado, quando bem-feitas, ou confundir, quando malfeitas. E tão importante quanto ter lógica é que a analogia faça uma referência clara aos assuntos de nosso interlocutor. Se você está conversando com uma pessoa que odeia esportes, ela até vai entender as analogias simples ("cruzar a linha de chegada", "fazer um golaço", "dar uma bola fora"), mas elas não alcançarão o efeito máximo.

Para alcançar o efeito máximo, use analogias relativas a assuntos da preferência do seu interlocutor. Se ele é fã de boliche, diga que o último contrato assinado foi "um strike". Se ele gosta de jardinagem, comente que a nova campanha de marketing vai "plantar as sementes do sucesso". Se ama barcos, elogie o projeto que ele apresentar dizendo que não está vendo nenhum "furo".

Quando você faz analogias ligadas aos interesses do seu interlocutor, cria uma conexão com o inconsciente dele e aumenta sua chance de fazer uma amizade, uma venda ou apenas de bater um papo agradável e descontraído.

É possível que no início você não se sinta à vontade ao criar analogias que não têm nada a ver com suas preferências, mas lembre-se: elas são poderosas ferramentas de comunicação que evocam o mundo da pessoa com quem você conversa.

Técnica 46: *Imagens poderosas*

Crie expressões e analogias para evocar os interesses ou o estilo de vida do seu interlocutor, e não do seu. Com isso você fortalece seus argumentos. Com esta técnica você também deixa implícito que pensa como seu interlocutor e tem os mesmos interesses dele.

47

Como demonstrar empatia sem dizer "sim", "ahã", "pois é"

Quando ouvimos alguém falar durante uma conversa, frequentemente soltamos um "ahã" ou "hmmm" para demonstrar que estamos prestando atenção. Em algumas pessoas esse hábito é tão enraizado que chega a ser inconsciente.

É melhor um murmúrio do que um olhar vazio, mas os grandes comunicadores têm um hábito mais saudável para essas situações. Tente substituir seus "hmmms" por expressões de empatia completas.

O que são expressões de empatia?

As expressões de empatia são frases simples, curtas, de apoio. Diferentemente do "ahã" e do "pois é", são frases completas, com sentido, como "Adorei sua decisão" ou "Que empolgante!". As expressões de empatia podem ser comentários positivos como "Sim, essa foi a melhor decisão a se tomar nessa situação" ou "Que bom que você se sentiu assim".

Quando você reage com frases completas em vez dos grunhidos usuais, não só parece uma pessoa mais articulada como faz o ouvinte achar que você o entende de verdade.

Técnica 47: *Expressões de empatia*
Evite soltar "hmmms" durante o papo. Verbalize frases completas para demonstrar que compreende plenamente o que está ouvindo. Ao longo do diálogo use frases como "Entendo o que você quer dizer". Vez ou outra, nos momentos adequados, solte um "Que coisa maravilhosa!". Seu interlocutor vai perceber sua empatia e ficará mais empolgado para continuar a conversa.

Para usar essa técnica você vai precisar ouvir com atenção. A seguir vamos afinar essa técnica e explorar a empatia avançada.

48

Como fazer os outros acharem que você enxerga/ouve/sente exatamente como eles

Nós percebemos o mundo com os cinco sentidos. Quando nos expressamos, é com base nas informações que recebemos deles. De acordo com a programação neurolinguística, cada indivíduo tem um sentido mais aguçado que os outros. Isso fica claro quando conversamos. Algumas pessoas, mais visuais, vão dizer: "Dá para *ver* o que você acha"; "Não consigo me *enxergar* fazendo isso"; "Tenho uma *visão* aproximada dessa ideia"; "Pelo meu ponto de *vista*". Outras são mais auditivas e dirão: "Isso me *soa* bem"; "Isso tem um *tom* negativo"; "Ele se faz de *surdo*"; "Algo *me diz*...". E há gente que tem mais de um sentido dominante.

Uma solução simples

A seguir ensinarei uma técnica simples, que não exige muito trabalho de detetive. Chamo-a de *Empatia anatomicamente correta*. Caso você não perceba claramente qual é o sentido dominante da pessoa com quem está falando, simplesmente se adapte ao modo que ela está apresentando no momento.

Vamos supor que sua colega de trabalho esteja descrevendo um plano financeiro e diga: "Com este plano, em seis meses vamos *enxergar* nosso caminho com clareza." Como ela usou uma referência visual, responda: "Estou *vendo* o que você quer dizer" ou "Você tem uma *visão* clara da situação". Se, em vez disso, ela tivesse dito "Esse plano me *soa* bem", você poderia usar expressões como "Gostei do que *ouvi*".

Uma terceira possibilidade: se ela tivesse dito "Tenho uma *sensação profunda* de que este plano vai funcionar", você poderia responder com uma expressão de empatia cinestésica, como "Sei como você se *sente*" ou "Você *entendeu* a solução do problema".

> **Técnica 48:** *Empatia anatomicamente correta*
> Perceba com que parte da anatomia seu interlocutor está falando. Ao falar com pessoas visuais, use expressões de empatia visuais, que as faça sentir que você enxerga o mundo como elas. Para as pessoas auditivas use expressões de empatia auditivas, para deixar claro que você as ouviu com atenção. Para indivíduos cinestésicos, use expressões de empatia cinestésicas, para fazê-los pensar que você sente o mesmo que eles.

A técnica seguinte ajuda a criar afinidade com apenas uma palavra.

49

Como fazer as pessoas pensarem em *nós*

Se você ouve duas pessoas conversarem por alguns instantes, descobre muita coisa sobre o relacionamento delas. Dá para saber se são colegas, velhas amigas ou um casal. Você não precisa ouvir as pessoas se chamarem de "meu chapa" ou "meu velho" para saber que são amigos. Não precisa ouvir "meu amor" ou "meu bem" para saber que são um casal. Não precisa nem mesmo ouvir o tom de voz. Mesmo vendado você poderia descobrir muito sobre o relacionamento de duas pessoas, porque a técnica que vou ensinar não tem a ver com a linguagem corporal.

À medida que as pessoas ganham intimidade, a conversa delas muda. Ocorre da seguinte forma:

Primeiro nível: clichês

Num momento inicial, dois desconhecidos falam obviedades e clichês. Por exemplo, ao conversar sobre o assunto mais banal que existe – o clima –, um recém-conhecido diz ao outro: "Hoje está muito quente, né?" ou "Cara, que chuva, hein?".

Segundo nível: fatos

Conhecidos costumam discutir fatos: "Sabia que até agora este ano teve o dobro de dias de sol em comparação com o ano passado?" Ou: "A gente finalmente decidiu construir uma piscina por causa do calor."

Terceiro nível: sentimentos e perguntas pessoais

Quando as pessoas se tornam amigas, passam a expressar sentimentos, mesmo em relação a temas chatos, como o clima. "Eu adoro esses dias de sol." Também fazem perguntas íntimas umas às outras: "E você? Curte sol ou prefere um friozinho?"

Quarto nível: declarações com nós

Nesse nível, formulamos frases com *nós/nosso* (e *a gente*, mais informal). Amigos falando sobre o clima podem dizer: "Se esse tempo continuar bom assim, nosso verão vai ser fantástico." Um membro de um casal pode dizer: "Espero que esse tempo bom continue, para *nós* podermos ir à praia."

Existe uma técnica capaz de antecipar o quarto nível de intimidade. Se você acabou de conhecer alguém, simplesmente comece a usar a palavra *nós* antes do tempo – seja para conquistar um cliente, fazer um recém-conhecido sentir que vocês já são amigos ou estimular um potencial parceiro romântico a sentir que vocês já estão apaixonados. Chamo essa técnica de *Pulando etapas*. Numa conversa casual, simplesmente pule os níveis 1 e 2 e vá direto aos níveis 3 e 4.

Ao falar com um possível cliente, pergunte como ele está se sentindo da mesma forma que faria com um amigo. ("Como você se sente com relação ao novo governador?") Depois use o pronome *nós* ou a expressão *a gente* ao conversar sobre qualquer coisa que possa afetar vocês dois. ("Você acha que *a gente* vai ter um bom governo com ele no comando?") Use frases com *nós/nosso* e *a gente*, do tipo que as pessoas reservam instintivamente para pessoas próximas.

A palavra *nós* estimula a intimidade. Faz nosso interlocutor se sentir conectado. Dá uma sensação de que "somos você e eu contra o mundo". Quando dizemos *nós* e nos colocamos no mesmo barco de um recém-conhecido, no subconsciente ele se sente mais próximo de nós.

> **Técnica 49:** *Pulando etapas*
> Para criar uma sensação de intimidade com um recém-conhecido, pule os níveis 1 e 2 e vá direto ao 3 e ao 4 usando *nós/nosso* e *a gente*.

Na última técnica desta parte você aprenderá a criar num recém-conhecido a sensação positiva de que se conhecem há muito tempo.

50

Como criar uma "piada interna" com alguém que você acabou de conhecer

Os amantes sussurram no ouvido um do outro frases que só têm significado para eles. Os amigos gargalham ao ouvir umas poucas palavras que não fazem sentido para qualquer outra pessoa que escute. Os colegas de trabalho riem de experiências compartilhadas. São as piadas internas, que muitas vezes transformam momentos simples em memórias inesquecíveis e risadas intermináveis.

Em geral, piadas internas surgem espontaneamente entre pessoas que compartilham certa intimidade, mas, assim como existe um jeito de criar conexão com recém-conhecidos (técnica 49, *Pulando etapas*), existe um jeito de construir piadas internas com pessoas que conhecemos há pouco tempo, sobretudo no ambiente de trabalho.

A cultura de uma empresa e a relação entre os funcionários se desenvolvem a partir de experiências compartilhadas. E essas experiências criam elos especiais. Assim, se você e seus companheiros de trabalho viveram algum momento marcante, pense em formas de eternizá-lo. Faça jogos de palavras, associação com filmes e músicas, e veja se descobre algo divertido que represente essa história. Mas não force a barra: se não sentir firmeza, melhor deixar pra lá.

> **Técnica 50:** *História instantânea*
> Para criar intimidade com alguém que você conheceu há pouco tempo, pense num momento especial que vocês compartilharam e crie uma frase divertida que os faça lembrar os bons momentos vividos. Assim vocês se tornam "velhos amigos" – passam a ter uma história compartilhada.

Dois pontos importantes: 1) Evite repetir as piadas internas de um grupo se você não estava presente no momento em que elas foram criadas, ao menos no começo do relacionamento. Ao fazer isso, parece que você está forçando uma amizade, e esse é o caminho mais curto para não consegui-la. 2) Se você não for capaz de criar uma *boa* piada, não se preocupe. É melhor não fazer piada do que fazer uma piada ruim.

Agora, o que falta?

Química, carisma e confiança são três características dos grandes vencedores em todas as esferas da vida. Na Parte 1 deste livro você aprendeu a usar a linguagem corporal para causar uma boa primeira impressão. Na Parte 2 aprendeu a ir além do "Oi". A Parte 3 reúne dicas para você conversar em alto nível. A Parte 4 contém ensinamentos para evitar faltar assunto quando conversarmos com quem temos pouco em comum. E na Parte 5 aprendemos técnicas para criar química, intimidade e conexão rapidamente com pessoas que acabamos de conhecer.

O que falta? Aprender a fazer as pessoas se sentirem bem consigo mesmas. Mas cuidado: os elogios são uma faca de dois gumes – basta um deslize para matar o relacionamento. Na Parte 6 vamos explorar o poder do elogio, descobrir os erros que cometemos ao bajular as pessoas e aprender a usar essa ferramenta poderosa de modo eficaz.

Parte 6

Como diferenciar um elogio verdadeiro de uma bajulação

A maioria das pessoas acha que os elogios são o caminho mais fácil para extrair o que desejamos de alguém. E isso é verdade, se você é uma criança e quer ganhar uma boneca ou um chocolate dos seus pais. Mas, para funcionar, esses elogios precisam ser sinceros, coisa que as pessoas não sabem fazer muito bem. Sendo assim, não é todo bajulador que consegue o que quer com elogios falsos.

O problema do elogio malfeito

Você acaba de conhecer alguém. Minutos depois, faz um elogio e fica esperando uma reação positiva da pessoa. Mas, se ela suspeitar que o elogio tem segundas intenções, o efeito será o oposto e você pode acabar jogando por água abaixo a chance de conquistar a confiança da pessoa. Você exagerou no elogio e a pessoa percebeu que suas palavras eram apenas bajulação. A partir de agora ela passará a enxergar você como um puxa-saco.

Por outro lado, quando o elogio é bem-feito, funciona como um estímulo imediato ao relacionamento. Pode ser o empurrãozinho final para fechar uma grande venda ou conquistar um novo amigo (ou algo mais).

O que diferencia um elogio da mera bajulação? São muitos fatores, entre os quais a sinceridade, o timing, a motivação e os termos usados. Tudo depende da autoimagem, da posição profissional, da experiência da pessoa com elogios recebidos e da avaliação que ela faz da sua capacidade de percepção. Outros dois fatores importantes são o tipo e o tempo de relacionamento. Tenha em mente, também, que uma coisa é elogiar pessoalmente, outra é elogiar por telefone, e-mail, rede social ou aplicativo de mensagens instantâneas. Nesses casos há outros detalhes a se levar em conta.

Estudos científicos concluem que: 1) um elogio de alguém que você acabou de conhecer é mais poderoso do que o de alguém que já conhece; 2) o elogio tem mais credibilidade quando é feito a uma pessoa pouco atraente ou a uma pessoa cujo rosto você nunca viu; 3) você é levado mais a sério se antes dos elogios demonstrar modéstia, mas isso só funciona se a pessoa elogiada perceber você como alguém que ocupa uma posição mais alta na hierarquia. Se você está abaixo, sua modéstia reduz sua credibilidade.

É difícil dominar a arte de fazer elogios, mas a seguir veremos nove formas eficazes de fazer com que esse momento seja positivo para ambas as partes.

51

Como elogiar alguém (sem parecer puxa-saco)

O risco de fazer um grande elogio cara a cara é que a pessoa pode ficar desconfiada e presumir que você está bajulando com segundas intenções. Dependendo da forma como fala, um grande elogio ao chefe ou a um cliente pode parecer puxa-saquismo. Qual é a solução? Evitar elogios sinceros?

Não. Em vez de elogiar pessoalmente, faça o elogio através da *Rede de boatos* (também conhecida como rádio corredor nas empresas), um meio de comunicação confiável que infelizmente é mais associado a fofocas e más notícias, mas que também serve para transmitir palavras positivas.

Quando os elogios indiretos chegam aos ouvidos do alvo, o efeito é ainda melhor. Essa não é uma descoberta nova. Em 1732, Thomas Fuller escreveu: "Quem fala bem de mim pelas minhas costas é meu amigo." Confiamos mais em quem diz coisas boas sobre nós quando não estamos ouvindo do que quando alguém nos elogia cara a cara.

Elogio sem riscos (faça pelas costas da pessoa)

Em vez de dizer diretamente a uma pessoa que você a admira, comente com alguém próximo dessa pessoa. Por exemplo, se você quer cair nas graças da Jane, não vá diretamente a ela. Fale com a Diane, amiga dela: "Jane é uma profissional muito dinâmica. Disse uma coisa superinteligente na reunião de ontem. Um dia ela ainda vai comandar a empresa." Seu elogio chegará a Jane através da *Rede de boatos* em pouco tempo, pode ter certeza.

> **Técnica 51:** *Rede de boatos*
> Um elogio que a pessoa ouve diretamente nunca é tão empolgante quanto o que ouve indiretamente. Ao elogiar através da *Rede de boatos*, você evita parecer um puxa-saco tentando ganhar pontos. Além disso a pessoa vai ficar feliz de pensar que você está contando ao mundo inteiro como ela é fantástica.

Quando você usa a *Rede de boatos* para elogiar a Jane, a Diane faz o papel de pombo-correio do elogio. Isso nos leva à próxima técnica, em que *você* é o pombo-correio dos elogios de outras pessoas.

52

Como ser um "pombo-correio" de coisas boas

Sempre que ouvir um comentário elogioso sobre alguém, passe-o adiante. Não precisa correr para contar à pessoa elogiada, mas lembre-se dele e revele-o no momento certo. Esteja sempre atento às coisas boas que as pessoas dizem sobre as outras. Se seu colega Carl diz algo de bom sobre Sam, ao falar com Sam diga: "O Carl disse uma coisa muito legal sobre você."

Isso vale para as relações fora do trabalho, como entre familiares, por exemplo. Se sua irmã diz que seu primo é maravilhoso, conte a ele. Se sua mãe diz que o seu irmão cortou a grama do quintal e ficou ótimo, repasse o elogio.

Todo mundo gosta de se sentir apreciado e também adora quem dá boas notícias. Quando você transmite o elogio de um terceiro, o elogiado fica tão feliz com você quanto com quem o elogia. É uma espécie de "fofoca do bem".

> **Técnica 52:** *Pombo-correio*
> Distancie-se de quem faz fofoca negativa e torne-se portador de boas notícias e elogios. Ao ouvir algo bom a respeito de alguém, repasse as palavras positivas à pessoa enaltecida. Você será tão bem-visto quanto quem fez o elogio.

Não leve só elogios

Outro jeito de aquecer corações e ganhar amigos é se tornar pombo-correio de notícias que podem ser interessantes para o destinatário. Se o seu amigo é designer de móveis e você leu uma boa matéria sobre o assunto, mande o link para ele. Mesmo que já tenha lido, ele ficará feliz com a lembrança. Se sua cliente é escultora e você vê o trabalho dela em algum lugar, mande a foto. É como se você dissesse: "Estou sempre pensando em você e nos seus interesses."

53

Como fazer elogios "sem querer"

Já reparou que existem duas formas de elogio – os diretos e os indiretos? Os diretos são mais claros, nítidos. Mas se não forem bem-feitos podem parecer falsos. As dicas que tenho listado aqui são para evitar que você pareça um bajulador, e uma das maneiras mais seguras de não parecer puxa-saco é fazer um elogio indireto, sem querer.

Imagine que você encontre um amigo na rua após anos sem se verem. Você bate os olhos e percebe que ele tem se cuidado – está em forma, mantém um belo corte de cabelo, está bem-vestido. Se você diz "Nossa, fulano, você está muito bem!", é claro que a pessoa vai ficar feliz com o elogio. Ele provavelmente sabe que é verdadeiro. Mas nem sempre queremos fazer elogios diretos por receio de parecerem falsos.

A saída, então, é fazer um elogio indireto: "Fulano, como você está? Pelo que estou vendo, está muito bem!" A ideia é não fazer o elogio explícito, com todas as letras, e sim apenas sugeri-lo de uma forma clara, de tal modo que a pessoa perceba que está sendo elogiada sem ouvir o elogio em si.

(Mas atenção: só faça comentários sobre a aparência ou a idade das pessoas com quem você tem intimidade, e mesmo assim de forma respeitosa. Falar sobre o corpo das pessoas é considerado indelicado e inadequado.)

Existe uma situação do cotidiano em que o *Elogio implícito* é muito comum: quando alguém elogia a capacidade de resolução de problemas de um colega. A verdade é que às vezes elogios muito abertos soam estranhos no trabalho. Assim, se seu colega resolveu um problema de forma criativa, em vez de dizer isso com todas as letras, talvez valha falar algo como: "Nossa, eu nunca teria pensado nessa solução." Com isso você valoriza a inteligência da pessoa sem fazer um elogio direto.

É preciso ter cuidado para evitar fazer críticas indiretas. Se você está conhecendo uma cidade, para alguém na rua e pergunta "Com licença, pode me dizer se tem algum restaurante bom aqui por perto?", está sugerindo que a pessoa tem bom gosto. Mas se você pergunta "Ei, você conhece algum pé-sujo por aqui?", está sugerindo que a pessoa frequenta lugares ruins.

O importante aqui é encontrar uma forma implícita, não direta, de fazer seu interlocutor saber que você enxerga nele grandes qualidades.

Técnica 53: *Elogio implícito*

Quando você estiver conversando com alguém que deseja elogiar, mas não quer fazer o elogio com todas as letras, faça comentários que pressuponham que você enxerga qualidades na pessoa. Ela vai se sentir tão elogiada quanto se você tivesse feito o elogio direto.

54

Como fazer um "elogio disfarçado"

A próxima técnica para espalhar a alegria se chama *Bajulação acidental*. Em certo sentido ela complementa a técnica anterior, *Elogio implícito*. Consiste basicamente em fazer um elogio enquanto fala de outro assunto.

Se você está conversando com alguém e se lembra de algo que aconteceu há muito tempo, diga: "Tenho certeza de que você nem era nascido na época, mas houve um tempo em que..." Mesmo que se lembre dessa época e saiba que você está fazendo um elogio disfarçado, a pessoa vai se sentir elogiada. Quando estiver falando com seu tio idoso, diga: "Uma pessoa em forma como você teria subido aquela escada em um segundo, mas eu fiquei sem fôlego." Talvez ele nem seja capaz de subir a escada, mas vai gostar de saber que você enxerga vitalidade nele. Se está conversando com um colega de trabalho, diga: "Como você sabe tudo de direito contratual, teria lido nas entrelinhas. Mas eu fui bobo e assinei." Ele vai se sentir importante para a empresa.

A *Bajulação acidental* é um elogio que funciona como parênteses na frase, um comentário breve, que em tese é secundário, mas que no fundo é a parte mais importante do que você quer dizer.

É claro que, ao fazer isso, você corre o risco de seu elogio disfarçado agradar tanto seu interlocutor que ele nem vai prestar atenção no seu argumento principal.

Técnica 54: *Bajulação acidental*
Aprenda a fazer elogios disfarçados. Como quem não quer nada, coloque um elogio entre parênteses na sua frase, sem dar muita importância a ele. Mas depois não faça perguntas sobre o seu argumento principal, porque a pessoa que recebe o elogio pode tomar um susto (positivo) e não prestar atenção no que você disser em seguida.

Até aqui exploramos quatro elogios disfarçados: a *Rede de boatos*, o *Pombo-correio*, o *Elogio implícito* e a *Bajulação acidental* (técnicas 51 a 54). Mas há ocasiões em que o elogio direto funciona. As técnicas a seguir aprimoram essa habilidade.

55

Como fazer um *Elogio matador*

O que é um *Elogio matador*? É um comentário sobre uma qualidade muito pessoal e específica que você identifica em alguém que acabou de conhecer. Um *Elogio matador* não é "Gostei da sua gravata" ou "Você é uma pessoa muito legal". (O primeiro não é pessoal e o segundo não é específico.) Um *Elogio matador* é algo como "Que olhos exóticos você tem" (específico) ou "Você tem uma aura maravilhosa de honestidade" (pessoal).

Sei que quem é tímido tem dificuldade para fazer o primeiro *Elogio matador*, por isso sugiro que você estruture o elogio ao longo de alguns passos. O primeiro é perceber na pessoa a ser elogiada uma qualidade física chamativa ou um traço de personalidade marcante. Não pode ser nada que faria você comentar normalmente. Lembre-se: não é um elogio comum. Talvez a pessoa tenha um sorriso encantador ou um brilho diferente no olhar. Talvez acalme as pessoas próximas apenas com sua presença ou transmita uma impressão de credibilidade.

Então espere o momento certo e fale. Não force o elogio no meio de uma conversa que não tenha qualquer relação com o elogio.

A verdade é que até as pessoas mais tímidas adoram receber um *Elogio matador*, mesmo que num primeiro momento não saibam como reagir.

Manual do usuário do *Elogio matador*

Se você não sabe usar o *Elogio matador*, o tiro pode sair pela culatra. Portanto, siga as regras a seguir:

Regra 1. Faça o elogio em particular. Se você está num grupo de quatro ou cinco pessoas e quer elogiar alguém pela beleza, os outros vão se sentir feios. Se quer elogiar a pessoa pela postura, os outros vão se sentir corcundas. Além disso, nem todos se sentem bem ao receber elogios em público.

Regra 2. O elogio precisa ser crível. Não elogie o que você sabe que é horrível. Se a pessoa nitidamente não sabe cantar, não elogie. Ela vai saber que é mentira.

Regra 3. Faça no máximo dois elogios matadores por ano a cada pessoa. Caso contrário você vai parecer uma pessoa bajuladora, puxa-saco e manipuladora. Não é legal.

> **Técnica 55:** *Elogio matador*
> Ao conversar com alguém que você quer em sua vida (profissional ou pessoal), procure nela uma qualidade chamativa, específica e única. Então, no momento certo, olhe nos olhos dela e a deixe arrepiada com o *Elogio matador*.

Um bom *Elogio matador* conquista qualquer pessoa, mas funciona melhor quando você o usa criteriosamente com recém-conhecidos. Para elogiar amigos no dia a dia, utilize a próxima técnica.

56

Como agradar com pequenos afagos

Em contraste com o *Elogio matador*, para recém-conhecidos, e a *Frase da lápide* – que você aprenderá na técnica 59 –, esta técnica pode ser usada em qualquer pessoa a qualquer momento.

Os *Pequenos afagos* são elogios curtos e rápidos que você usa durante um bate-papo, muito úteis no ambiente profissional:
– Belo trabalho, John!
– Muito bem, Maria!

Mas também podem ser usados no dia a dia com seus entes queridos. Se uma amiga acabou de preparar uma refeição maravilhosa, diga: "Nossa, você é a melhor chef da cidade." Logo antes de sair com sua esposa, diga "Puxa, querida, você está deslumbrante." Se você acabou de chegar de uma longa viagem de carro em que seu amigo passou o tempo todo ao volante, diga: "Obrigado! Deve ter sido cansativo." Se seus filhos deram um jeito na bagunça do quarto, diga: "Ótima arrumação!"

Crianças são especialmente sensíveis a elogios. Se você repreende seu filho, precisa elogiá-lo quando ele merecer. Mas os adultos não são muito diferentes: gostamos de ouvir elogios pelo que fazemos bem. Não vamos para a cama chorando se não os recebemos, mas um resquício daquelas lágrimas permanece em nós. Os pequenos afagos servem para suprir essa carência e mostrar que você está sempre atento e se importa.

> **Técnica 56:** *Pequenos afagos*
> Não espere seus colegas, amigos e entes queridos olharem para você se perguntando: "Eu fui bonzinho hoje?" Faça *Pequenos afagos* verbais do tipo "Bom trabalho!", "Muito bem!", "Parabéns!".

Para complicar um pouco mais a arte do elogio, é preciso pensar na noção de tempo. A bajulação explícita só agrada aos mais egocêntricos, mas há momentos em que é necessário fazer um elogio explícito e ousado. A técnica seguinte é para essas situações.

57

Elogie na hora certa

Quando você toca sem querer em um objeto pontiagudo, sua reação instintiva e imediata é puxar a mão. Da mesma forma, quando as pessoas fazem algo interessante, você deve reagir de imediato dizendo: "Uau, você foi incrível!"

Não importa se a pessoa fez um ótimo negócio, preparou um peru fantástico para a ceia de Natal ou cantou lindamente na festa de aniversário. Não importa se o feito é trivial ou esplêndido: elogie na hora. Não espere o tempo passar. Quando a pessoa sai da sala de reuniões, da cozinha ou do palco, ela só quer ouvir elogios.

> **Técnica 57:** *Elogio imediato*
> Seja rápido: elogie a pessoa assim que ela acabar de realizar um feito. Não espere para elogiar depois. Não se preocupe achando que a pessoa não acreditará. A euforia do momento tem um efeito estranhamente entorpecedor na capacidade de julgamento das pessoas.

Mas e se a pessoa tiver ido mal?

"Está me pedindo para mentir?", você pergunta. Sim, estou. Esse é um dos poucos momentos na vida em que é melhor mentir para confortar o ego da pessoa insegura do que ter um compromisso inabalável com a verdade. Quando a pessoa suspeitar que fez bobagem ou que não se saiu tão bem, sua mentirinha não terá importância. Ela se sentirá grata pelo seu elogio falso, pois saberá que foi por compaixão.

Já falamos um bocado sobre como fazer elogios, tanto os implícitos e disfarçados quanto os explícitos. Agora vamos falar sobre uma habilidade que, para muitos, é ainda mais difícil: receber elogios.

58

Como fazer as pessoas quererem elogiar você

Ao receber um elogio, muitas pessoas respondem apenas com um "Obrigado" sem graça, ficam sem jeito ou até discordam do elogio. Quando você reage assim, comete uma grave injustiça com quem elogiou, pois insulta a capacidade de percepção de uma pessoa bem-intencionada.

Quando você atira um bumerangue, ele voa por um tempo, depois retorna para você. Da mesma forma, quando alguém lhe fizer um elogio, deixe os bons sentimentos voltarem à pessoa. Não diga simplesmente "Obrigado", muito menos rejeite ou minimize o elogio. Faça a pessoa enxergar sua gratidão e encontre um modo de elogiá-la pelo elogio que fez. Exemplos:

Se a pessoa diz "Gostei desses sapatos", responda: "Que bom que você gostou, pois você é uma pessoa muito estilosa!" Se a pessoa diz "Você fez um ótimo trabalho nesse projeto", responda "Que legal logo você dizer isso! Obrigado pela avaliação positiva."

A técnica do *Bumerangue* também serve para expressar seus bons sentimentos quando as pessoas fazem perguntas que mostram que elas se interessam por você. Se seu colega de trabalho pergunta "Como foram as férias no litoral?", responda "Ah, você lembrou que eu passei as férias na praia! Foram ótimas, obrigado". Se seu chefe pergunta: "Já melhorou da gripe?", responda "Obrigado por perguntar, estou me sentindo muito melhor".

Técnica 58: *Bumerangue*

Quando uma pessoa fizer um elogio ou uma pergunta que demonstra que ela se interessa por você, mostre-se grato, não se limite a dizer "Obrigado" nem faça pouco do elogio. Dê uma resposta mais completa e que mostre que sua reação não é automática.

Na próxima e última dica sobre como lidar com elogios, você vai acertar em cheio o coração das pessoas.

59

Como fazer a pessoa sentir que você é especial

Elogiar alguém que você conhece bem exige um conjunto de habilidades diferentes das que usamos para elogiar quem acabamos de conhecer. A dica para se aproximar ainda mais de alguém, pessoal ou profissionalmente, se chama *Frase da lápide*. Para utilizá-la, é preciso seguir um pequeno roteiro.

Primeiro passo: Durante um bate-papo, diga à pessoa que um dia desses estava vendo um programa de TV ou lendo uma matéria sobre o que as pessoas desejam que conste na própria lápide quando morrerem. "Em geral elas querem que a qualidade de que mais se orgulham seja gravada em pedra, e cada uma se enxerga de um jeito, tem um motivo de orgulho. Exemplos: 'Aqui jaz John Smith. Um cientista brilhante.' 'Aqui jaz Diana Smith. Uma mulher carinhosa.' 'Aqui jaz Billy Bucks, um cara que sabia fazer as pessoas rirem.' 'Aqui jaz Jane Wilson. Espalhava alegria aonde quer que fosse.'"

Segundo passo: Revele o que você gostaria que fosse gravado na sua lápide.

Terceiro passo: Pergunte o que a pessoa gostaria de gravar na lápide dela, como quer ser lembrada. Ela pode dizer algo como: "Gostaria de ser lembrada como uma pessoa de palavra." Se ela se aprofundar no assunto, preste bem atenção. Depois guarde as informações e não volte a tocar no assunto.

Quarto passo: Deixe passar pelo menos três semanas para devolver a informação sob a forma de um elogio. Num momento apropriado, diga: "Sabe por que eu gosto de você? Porque você é uma pessoa de palavra." Quando você diz que admira a pessoa pelo mesmo motivo pelo qual ela se admira, está fazendo um elogio com um impacto diferente de qualquer outro. Ela vai pensar: "Essa pessoa gosta de mim por quem eu sou."

> **Técnica 59:** *Frase da lápide*
> Pergunte às pessoas importantes da sua vida o que elas gostariam de gravar na própria lápide e guarde a resposta na memória. Então, quando você sentir que é a hora certa de dizer "Eu admiro você" ou "Eu te amo", elogie-as pelos mesmos motivos que as fazem se sentir orgulhosas de si mesmas.

Os elogios não são intercambiáveis. Talvez uma pessoa que queira ser lembrada pelo bom humor não goste que você a chame de uma pessoa de palavra. Quem valoriza acima de tudo a própria liberdade pode não querer ser lembrado como uma pessoa carinhosa.

É maravilhoso dizer às pessoas que você as aprecia. Quando você as elogia pela mesma característica que elas amam em si mesmas, o efeito é poderoso.

Parte 7

Como se conectar a distância com o coração das pessoas

Anos atrás, antes da popularização dos smartphones e dos aplicativos de mensagens instantâneas, era comum passarmos um tempo do dia ao telefone, fosse em casa ou no trabalho. As pessoas formavam impressões a nosso respeito pela forma como falávamos com elas do outro lado da linha. Hoje o número de telefonemas diminuiu drasticamente, sobretudo entre os jovens, e quando queremos ligar para alguém – em especial para pessoas que não são próximas – é de bom-tom avisar antes por mensagem.

No trabalho presencial, ainda há situações em que precisamos falar ao telefone, porém cada vez mais usamos mensagens instantâneas, videochamadas, e-mails e outras tecnologias.

Com a popularização do trabalho remoto, é cada vez mais comum trabalharmos com pessoas que nunca vimos cara a cara. Pessoas que nunca viram seu sorriso (talvez só pelas chamadas de vídeo), nunca apertaram sua mão, não conhecem sua linguagem corporal nem sabem como você se veste podem conversar com você o tempo inteiro. Tudo que sabem a seu respeito vem das mensagens que você escreve por e-mail ou por mensagens instantâneas – e o problema surge quando a impressão que você transmite não condiz com a realidade.

Assim, hoje é fundamental saber como usar essas ferramentas tecnológicas para causar a melhor impressão possível e evitar mal-entendidos. Esse é o objetivo das 10 técnicas a seguir.

60

Como deixar claro o que você sente

Antes de falar com alguém – principalmente no ambiente profissional –, reflita sobre o meio que vai usar. Se você conversa pessoalmente ou por chamada de vídeo, pode transmitir sua mensagem não só por palavras e pelo tom de voz, mas também por expressões faciais, pela linguagem corporal e até pelas roupas que usa. Por outro lado, ao se comunicar por um aplicativo de mensagens instantâneas, só pode contar com o que vai escrever, por isso precisa expressar corretamente suas emoções no texto.

A questão é que a linguagem corporal e as expressões faciais compõem mais de metade da sua personalidade, e quando seu interlocutor não vê ou ouve você, pode ter uma impressão totalmente diferente da que você quer transmitir, pois não percebe nuances como o sarcasmo, por exemplo.

Digamos que você tenha acabado de conhecer pessoalmente um novo contato profissional. Ao ser apresentado, você aperta a mão da pessoa, olha nos olhos dela, abre um sorriso sincero e demonstra estar atento enquanto ela fala. Tudo isso faz a pessoa simpatizar com você. Se esse contato inicial é por chamada de vídeo, só há perda do contato físico.

Mas até que ponto você conseguiria causar a mesma boa impressão por telefone ou por mensagens instantâneas? Nesse caso, você precisa adaptar seu vocabulário para demonstrar que está concordando ou gostando do que lê. Precisa deixar claro que está rindo. Precisaria usar a técnica que chamo de *Gestos textuais*.

Para compensar a falta do contato visual, ao longo da conversa por telefone ou aplicativo use palavras que talvez você não precisasse dizer ao vivo, como "Entendi" (para deixar claro que não tem dúvidas), "Concordo" (para deixar claro que você não se opõe a uma ideia), "Conte mais!" (para demonstrar interesse). No trabalho, ao falar com alguém por chat você pode até usar emojis simpáticos para se expressar, desde que tenha bom senso.

O importante é que a pessoa do outro lado, que não vê seu rosto e muitas vezes não ouve sua voz, entenda como você está se sentindo.

Técnica 60: *Gestos textuais*

Ao falar com alguém por telefone ou texto, deixe claro como você se sente a todo momento. Como não adianta assentir com a cabeça, diga "Sim, entendo"; se você deu uma gargalhada, coloque um emoji, uma figurinha, um "hahaha" ou um "rs" no texto.

Ao explicitar como se sente, você impede a perda comunicativa natural que ocorre quando não conversamos pessoalmente.

61

Como transmitir a sensação de proximidade

Como criar intimidade com uma pessoa que está a centenas de quilômetros de distância? Como fazê-la se sentir especial sem dar um tapinha nas costas ou um abraço?

Existe um método simples para criar intimidade nesses casos. Basta mencionar o nome da pessoa com muito mais frequência do que você faria ao conversar pessoalmente. Sempre que possível, cite o nome do seu interlocutor, seja por telefone, mensagem instantânea ou e-mail. Quando a pessoa escuta ou lê o próprio nome, é como ela se recebesse um abraço. Assim, diga "Obrigada, *Sam*", "Vamos lá, *Betty*", "Por que não, *Maria*?", "É sempre bom conversar com você, *Tom*".

Quando dizemos o nome da pessoa com frequência numa conversa cara a cara, parece que estamos tentando manipulá-la, mas por telefone ou pela internet o efeito é positivo. Ao ouvir ou ler o próprio nome, a pessoa fica atenta e tem a sensação de familiaridade que só costuma surgir numa conversa frente a frente.

Técnica 61: *Chuva de nomes*

Ao ouvir o próprio nome, as pessoas prestam mais atenção na conversa e se sentem queridas. Ao conversar por telefone ou mensagem com alguém de quem deseja se aproximar, fale ou escreva o nome da pessoa com mais frequência do que faria numa conversa cara a cara. Com isso de certa forma você recria as sensações boas do contato visual e físico. Num primeiro momento pode parecer bajulação, mas, se a conversa é a distância, você pode falar o nome do seu interlocutor sem moderação.

62

Como deixar a pessoa feliz ao conversar com você

De alguns anos para cá, passamos a valorizar muito mais a privacidade. Evitamos telefonar ou fazer chamada de vídeo para amigos sem avisar antes e preferimos mandar mensagens que as pessoas possam ver/ouvir e responder quando quiserem. Da mesma forma, não gostamos mais de atender a telefonemas, mesmo quando somos avisados antes.

Apesar disso, sobretudo nas empresas, continua sendo perfeitamente aceitável telefonar sem avisar, e precisamos estar preparados para receber ligações a qualquer momento do horário de expediente.

Pode ter certeza: ninguém gosta de telefonar para falar daquele problema de última hora ou para pedir um favor "para ontem". Assim, não seja o mal-humorado do escritório. Saiba como atender a ligação de uma forma que mostre que você está especialmente disposto a ajudar.

Se alguém telefonar, não responda com um "alô" superanimado logo de cara. Fale em tom neutro e profissional. Mas, quando a pessoa se identificar, abra um sorriso e passe a falar com mais entusiasmo. Dessa forma, você faz com que ela se sinta especial.

Se alguém mandar uma mensagem instantânea ou um e-mail, não há por que responder em tom seco e neutro, tendo em vista que você já sabe quem mandou a mensagem. No entanto, não exagere na empolgação. Demonstre que gosta de falar com a pessoa, mas mantenha o tom profissional. A palavra-chave é *equilíbrio*. O mesmo vale para quando você receber uma chamada de vídeo, seja ela agendada ou de última hora.

No fundo, tudo é uma questão de imagem, e você não quer ser visto nem como o bobalhão da empresa nem como o ranzinza, e sim como alguém disposto a ajudar e trabalhar duro pelo bem de todos.

Técnica 62: *"Ah, é você!"*
Quando alguém ligar para você no trabalho, atenda em tom simpático e profissional. Quando a pessoa se identificar, deixe um enorme sorriso de felicidade tomar conta do seu rosto e se expressar em sua voz. A pessoa vai notar a mudança de tom e sentir que seu sorriso caloroso e aconchegante é apenas para ela.

63

Como usar as redes sociais para fazer networking

Atualmente as redes sociais são consideradas quase uma extensão da nossa vida – social ou profissional. Sobretudo os mais jovens usam as redes como principal meio de comunicação com o mundo. Por um lado, existe a parte boa: podemos falar com quem quisermos a qualquer momento e temos o mundo na palma da mão. Por outro, precisamos nos perguntar: estávamos preparados para essa mudança?

Existem cinco regras básicas para tornar as redes sociais aliadas na sua vida.

1. Mantenha suas redes sociais atualizadas. Essa regra vale principalmente para redes sociais profissionais. Se elas estão desatualizadas, como um possível empregador vai pensar em contratá-lo? Use uma boa foto de perfil e registre suas experiências profissionais sem erros de digitação, para aumentar as chances de networking.

2. Rede social profissional não é rede social pessoal. Redes sociais profissionais foram criadas para compartilharmos nossas realizações no trabalho e falar a respeito de assuntos profissionais com nossos contatos. Assim, evite postar fotos suas em festas, com a família, em viagem de férias, etc. Guar-

de essas postagens para suas redes pessoais. Quem não demonstra um discernimento tão básico não é bem-visto por um possível empregador.

3. Não ignore mensagens e respostas às suas postagens. Se uma postagem sua viralizou, parabéns! Mas isso não significa que você pode simplesmente ignorar todas as pessoas que dedicaram tempo a lhe escrever. Responda uma a uma as mensagens, sempre com paciência e educação. Se for tomar tempo demais, faça uma postagem depois, agradecendo a todos e explicando que não há como responder a todos individualmente.

4. Atenção à gramática. Erros de digitação são sempre ruins, mas podem acontecer. As pessoas vão ver, mas não vão se importar muito. Erros de gramática, porém, são imperdoáveis. Se tiver alguma dúvida, antes de postar faça uma pesquisa. Acredite: você é julgado não só pelo que escreve, mas também pela forma como escreve.

5. Saiba discordar. Muitas pessoas usam as redes sociais como forma de extravasar a raiva. Nunca seja uma delas. Se alguém postou algo de que você discorda veementemente, pergunte-se: "Vale a pena responder?" Se sim, seja educado. Se perceber que a pessoa não manteve o seu nível de educação, ignore (ou até bloqueie), mas não prossiga com a conversa.

6. Evite postar demais. Ninguém aguenta abrir uma rede social e ver a mesma pessoa a cada três postagens. Poste momentos especiais e dose a quantidade de publicações. Do contrário, em pouco tempo você verá o número de seguidores diminuir.

Técnica 63: *Mestre das redes sociais*
Use as redes sociais a seu favor, e não como um gol contra: siga regras básicas de etiqueta para alcançar resultados positivos. As redes sociais podem fazer a diferença na hora de ser contratado ou de fazer uma amizade. Cuide delas como você cuida de si mesmo.

64

Como passar pelo filtro para conseguir falar com quem você quer

Muitas pessoas em cargos mais elevados costumam não responder a mensagens ou e-mails, nem dos próprios funcionários. Também não atendem ao celular. Nesses casos, sobra o telefone do escritório, mas em geral diretores, presidentes e CEOs contam com assistentes para filtrar as ligações.

Bem, se esse é o único jeito de contatar o chefão, prepare-se para passar pelo filtro. Quando ligar, tenha em mente que os assistentes exercem muito mais influência do que parece. Com o tempo, o chefe aprende a confiar no trabalho de quem está a seu lado, fazendo mil coisas ao mesmo tempo, entre as quais atender a ligações. Aprende a confiar também no discernimento do assistente para saber que ligações transferir ou bloquear.

Assim, quando você ligar e o assistente atender, fale com o máximo de educação possível. Sempre que falar com ele, pergunte como está. Se ele tem filhos, pergunte como estão na escola.

Essa gentileza faz toda a diferença. Um assistente irritado pela sua falta de tato não terá boa vontade para transferir suas ligações e não fará questão de passar o seu recado. Além de ser inaceitável e uma grande falta de educação, quando destratamos pessoas que não ocupam cargos importantes, automaticamente perdemos pontos com o superior delas, e é possível que ele mesmo passe a destratar você.

O mesmo vale para a vida pessoal: embora não seja mais tão comum, se você liga para o telefone residencial de um amigo e a esposa dele atende, trate-a tão bem quanto você gostaria de ser tratado. Você só tem a ganhar.

Técnica 64: *Não vá com o pé na porta*
Se você ligou mas outra pessoa atendeu (seja por motivos profissionais ou pessoais), identifique-se, cumprimente-a, faça amizade. Quem tem intimidade para atender ao telefone dos outros também tem proximidade para influenciar a opinião a seu respeito.

65

Demonstre respeito pelo tempo da pessoa

Hoje em dia falamos mais por aplicativos de mensagens instantâneas do que por telefone, mas há casos em que telefonar ainda é a melhor opção. Assim, embora eu já tenha mencionado essa técnica por alto, antes de fazer um telefonema, *sempre* pense no tempo do outro. Faça disso um hábito, uma regra. Envie uma mensagem perguntando se a pessoa está disponível. Se ela responder que não, pergunte quando é melhor telefonar. Se responder que sim, logo que a pessoa atender pergunte de novo se ela pode falar.

"Oi, Joe, você pode conversar agora?"

"Alô, Susan. Você tem alguns minutos?"

"Oi, Carl, peguei você numa hora boa para falar?"

"Sam, você tem um segundo para falar sobre o que aconteceu sábado?"

Ao mandar uma mensagem por aplicativo antes de ligar, não cobre uma resposta imediata nem repita a pergunta. Se a pessoa não respondeu foi porque não quis ou não pôde. De qualquer modo, é melhor você não telefonar.

Se a pessoa diz que tem tempo, nem sempre é todo o tempo do mundo. Hoje em dia as pessoas não gostam mais de passar tempo ao telefone. Assim, uma coisa é ela responder "Claro, pode falar!", outra é "Tudo bem, tenho alguns minutinhos".

Uma forma de visualizar esse sentido de tempo é pensar num semáforo. Se a pessoa pode atender e tem tempo, é sinal verde; se atendeu, mas deixou claro que não pode falar muito, é sinal amarelo; se ela diz que está enrolada, é sinal vermelho. Quando atribuímos cores à ligação, fica mais fácil manter o foco no que importa.

Vendedor, espere o sinal verde

Se você trabalha com vendas, entrou em contato com um possível cliente perguntando se pode falar e ele respondeu "Na verdade, não, mas diga", é hora de recuar. Nunca tente fazer negócio com quem deixou claro que está com o sinal vermelho, ou mesmo amarelo. Espere o sinal verde, muito verde.

Técnica 65: *Sinal verde*

Por mais que você esteja com pressa, sempre que for entrar em contato com alguém comece perguntando se a pessoa tem tempo para falar e avalie o que fazer a partir daí. Ao iniciar o contato assim, você demonstra respeito pelo tempo da pessoa. Se a resposta é *não* ou um *sim* pouco convincente, talvez seja melhor perguntar quando ela pode falar com tranquilidade.

66

Como causar boa impressão pelos aplicativos de mensagens instantâneas

Antigamente, quando ligávamos para uma pessoa no trabalho e ela não atendia, ouvíamos a secretária eletrônica gravada por ela mesma. Era algo como "Olá, não posso atender agora, deixe seu recado após o sinal". Hoje em dia ninguém usa secretária eletrônica, mas ainda é possível causar boa impressão se alguém nos manda mensagens pelos aplicativos de mensagens instantâneas.

Se sua empresa pede que você use esses aplicativos no trabalho, é fundamental cuidar de cada detalhe para não passar uma impressão de desleixo, incompetência ou falta de profissionalismo. Para criar uma imagem positiva você deve se concentrar em dois fatores:

1. Crie uma mensagem automática e certifique-se de ser o mais direto possível. Seja simpático, mas nada de piadinhas, e revise tudo para evitar erros de digitação ou gramaticais.

2. Use uma foto boa e atual, em que você esteja sorrindo, mas mantendo uma postura profissional. Nada de fotos na praia, com os filhos ou coisas do tipo.

Para causar a melhor impressão possível, mude sua mensagem automática todos os dias. Se você trabalha com atendimento, é fundamental deixar claro quando você poderá retornar o contato. Use algo como: "Olá, aqui é fulano. Obrigado por entrar em contato. Hoje é quinta-feira, 7 de maio. Nosso horário de funcionamento é das 9h às 18h. Estarei numa reunião de vendas até as 14h. Por favor, escreva sua solicitação e retornarei assim que possível dentro do nosso horário de funcionamento." Desse modo, se você não retornar o contato até as 16h, a pessoa não ficará furiosa.

A verdade é que, ao criar uma mensagem curta, profissional e amistosa – e atualizá-la sempre –, você evita problemas com chefes e clientes.

> **Técnica 66:** *Mensagem automática campeã*
>
> Se você quer ser visto como um profissional cuidadoso e confiável, crie uma mensagem automática curta, profissional e amistosa para seu aplicativo de mensagens instantâneas. Nada de piadas, frases inspiradoras ou religiosas. E a cereja do bolo é: atualize-a todo dia, para que o cliente tenha noção de quando vai receber uma resposta.

67

Como enviar uma mensagem concisa e completa

Assim como você deve elaborar uma mensagem curta, concisa, profissional e informativa em seu aplicativo de mensagens instantâneas, ao deixar uma mensagem para um cliente, fornecedor ou o chefe com quem sua relação é estritamente profissional, escreva um texto sério, conciso e direto, sem piadas.

Evite escrever textos longos (deixe isso para os e-mails, quando necessário) e revise tudo que escrever. Ao abordar muitos tópicos, use bullets para separá-los. Dessa forma você evita o cansativo bate e volta de mensagens e garante que sua mensagem tenha os três Cs fundamentais da comunicação: Confiança, Clareza e Credibilidade.

> **Técnica 67:** *Os três Cs*
> Quando for enviar uma mensagem, pense nos três Cs fundamentais da comunicação: Confiança, Clareza e Credibilidade. Escreva de forma simples, direta e informativa, de modo a evitar mal-entendidos e perda de tempo. Se a pessoa do outro lado tem uma mensagem automática curta e profissional, é sinal de que ela espera o mesmo comportamento de você. Não a decepcione.

Um último ponto: evite enviar áudios, a não ser que a outra pessoa tenha deixado claro que não se importa de ouvi-los. Falar é mais rápido que digitar, mas ler é mais rápido que ouvir. É raro encontrar alguém que prefira ouvir áudio de minutos com o celular no ouvido a ler a mesma mensagem em 15 segundos.

68

Como usar os aplicativos de mensagens instantâneas na vida pessoal

Uma coisa é se comunicar com seu chefe ou com um cliente importante por mensagem instantânea. Nesses casos, é importante manter a formalidade e a coerência da mensagem, ser bem-educado e ter em mente que tudo que você escreve fica registrado. Outra coisa é falar com um parente próximo, um familiar, um grande amigo, etc. Nesses casos, podemos ignorar boa parte das dicas anteriores sobre comunicação por aplicativo de mensagens instantâneas. Ainda assim, é preciso tomar certos cuidados para não irritar ou ofender as pessoas que amamos.

Se a pessoa está em horário de expediente, presuma que ela talvez não possa ouvir uma mensagem de áudio ou ler um texto gigantesco. Se você vai simplesmente mandar uma mensagem curta, tudo bem, mas espere a resposta sem pressa, tendo em vista que talvez ela só leia horas depois.

Mais uma vez: melhor também não enviar áudios. Imagine que você está trabalhando em uma sala cheia de gente e recebe uma mensagem de voz. Todos estão concentrados, mas ali está você, sorridente, com o celular na orelha, ouvindo uma história divertida da sua tia. Pega mal, não acha? Pior que isso só ouvir em volume alto e obrigar todos ao redor a escutar sua mensagem.

Técnica 68: *Moderação*

Se você vai enviar mensagens para um amigo, tenha em mente que ele pode estar no horário de expediente ou ocupado com qualquer outra coisa. Assim, envie a mensagem e não espere resposta imediata. E evite mandar áudios. Quem recebe pode não querer ficar com o celular no ouvido durante o expediente.

69

Como parecer sensível

Hoje em dia, podemos falar com várias pessoas ao mesmo tempo. Por um lado isso é ótimo, mas por outro pode ser ruim. Afinal, quem nunca mandou uma mensagem para a pessoa errada ou mandou uma mensagem importante que foi ignorada?

Sempre que estiver conversando por mensagem, lembre-se de que a outra pessoa pode estar falando com você e com outros ao mesmo tempo. Talvez ela demore a falar com você, talvez se esqueça de responder. Ou talvez esteja superocupada mas não queira deixar você falando sozinho ou parecer mal-educada. Assim, sempre que for enviar uma mensagem que possa gerar uma conversa mais extensa, pergunte antes se a pessoa pode falar.

O mesmo vale para quando estamos falando ao telefone, sobretudo com alguém que esteja trabalhando: se você escuta outro telefone tocar – ou se a pessoa simplesmente soa ocupada ou cansada –, pergunte: "Você deve estar todo enrolado aí. Quer falar mais tarde?" Mesmo se não precisar, a pessoa apreciará seu gesto e sua sensibilidade.

Hoje em dia é muito comum trabalharmos com pessoas que vivem a milhares de quilômetros de nós, às vezes até em outros fusos horários. Ao marcar reunião ou ligar para essas pessoas, pense no horário delas e evite escrever ou telefonar em horários fora do expediente da pessoa. Nesses casos, prefira o e-mail. Se realmente precisar ligar, peça desculpas de antemão e procure agendar ligações e videochamadas sempre dentro do horário de trabalho da pessoa. Ela perceberá sua preocupação.

> **Técnica 69:** *"Quer falar outra hora?"*
> Quando perceber que a pessoa está fazendo mil coisas ao mesmo tempo, pergunte se ela prefere continuar a conversa mais tarde ou em outro dia, quando estiver disponível. Muitas vezes ela se sente na obrigação de responder para não parecer mal-educada. Se não for um assunto urgente, adie a conversa. A outra pessoa agradecerá e apreciará sua sensibilidade.

Não se esqueça de checar se a pessoa está de férias ou se é feriado onde ela mora. Nada pior do que receber uma ligação ou mensagem de trabalho quando você está na praia, viajando ou até dormindo. E, quando voltar a falar com a pessoa, pergunte como ela passou o tempo livre.

70

Use a tecnologia a seu favor

Quem trabalha em empresa e participa de muitas reuniões sabe que é difícil acompanhar todos os assuntos tratados em cada uma delas. Antigamente só podíamos contar com a ata enviada posteriormente (isso quando havia ata), mas hoje a realidade é outra.

Com o trabalho remoto e as multinacionais, cada vez mais as reuniões são gravadas e disponibilizadas aos participantes. Tudo que foi falado e decidido fica registrado. Assim, se você ficou com uma dúvida, não hesite em assistir à gravação da reunião. Fica muito mais fácil entender os argumentos defendidos e as decisões tomadas assistindo no seu tempo.

Se a empresa não grava ou não disponibiliza o vídeo das reuniões, peça para gravar você mesmo, se necessário, garantindo que o conteúdo não será vazado. Se alguém pedir para gravar uma reunião de que você esteja participando, aceite. Se você não confia no funcionário para manter sigilo sobre uma gravação, de que adianta tê-lo na empresa? Acredite, é melhor que ele grave a reunião e recorra ao vídeo para tirar dúvidas do que interromper seu trabalho para pedir esclarecimentos depois.

Ao demonstrar esses cuidados, você será visto como um profissional detalhista e que preza a informação.

> **Técnica 70:** *Replay instantâneo*
> Sempre que precisar tirar dúvidas, assista ao vídeo ou escute o áudio das suas reuniões. Muitas vezes deixamos passar detalhes – e até decisões importantes – porque nos distraímos. Ao voltar à gravação, essas informações podem ficar mais claras.

Esqueça o que a pessoa disse e preste atenção no que ela *quis* dizer

Ao usar a técnica *Replay instantâneo*, você pode não só tirar dúvidas objetivas, como dados citados, mas também notar o que há por trás das palavras – como o tom de voz. Você capta o entusiasmo ou a hesitação dos participantes. Um "SIM" enfático é bem diferente de um "s...sim" hesitante. É tudo questão de perceber o tom de voz e a linguagem corporal de quem fala, fatores que muitas vezes deixamos escapar ao vivo, mas podemos captar num segundo momento.

Um alerta: *jamais* grave uma conversa sem o consentimento de todos os participantes. Isso é considerado invasão de privacidade e desrespeito aos limites pessoais alheios.

A seguir vamos voltar às dicas para conversar ao vivo. Na Parte 8 você aprenderá a ser a estrela da festa.

Parte 8

A arte de curtir festas

Os seis pontos fundamentais para extrair o máximo de qualquer evento, do início ao fim

Quando somos convidados para uma festa, a maioria de nós começa a pensar: "Hmmm, pode ser divertido. Tomara que seja boa. Será que vai ter comida? Talvez vá gente interessante. Será que minha amiga Fulana vai? Puxa, o que vou vestir?"

Mas existe um jeito mais interessante de aproveitar festas, que envolve uma mudança de mentalidade. Antes de responder se vai ou não, você deve se fazer perguntas bem diferentes das usuais. É o *Checklist de seis pontos*. Quem? Quando? O quê? Por quê? Onde? Como?

Vamos analisar um de cada vez.

Quem estará na festa?

Primeiro pergunte ao anfitrião quem vai ao evento. Depois pergunte-se: "Quem eu preciso conhecer por motivos profissionais? E com quem devo falar por motivos pessoais?" Caso esteja solteiro, acrescente uma terceira pergunta: "Com quem falar para sair da festa acompanhado?" Ao saber de antemão quem são os convidados, você pode planejar melhor seus próximos passos.

Quando devo chegar?

Não espere acabar de se vestir para decidir que horas chegar ao evento. Calcule cuidadosamente os horários de chegada e saída. Se quiser fazer muitos contatos, chegue cedo para começar a cortar nomes da lista assim que eles forem chegando.

Ao contrário do que muitos pensam, não há problema algum em ser o primeiro a chegar. Você só será visto pelos outros que chegam cedo, que em geral têm objetivos iguais aos seus. Essas pessoas não costumam estar entre os últimos a ir embora. Assim que cumprem os objetivos, voltam para casa. Se o evento for social, tentam deixar o horário de partida e a programação pós-festa em aberto. Assim, se fizerem um contato importante, podem ficar até mais tarde – ou sair com a pessoa dali.

O que devo levar?

Além do básico – telefone, batom, carteira, balinhas para o hálito –, leve suas ferramentas de networking, que antigamente eram um maço de cartões de visita, um bloquinho e uma caneta. Hoje, porém, essas ferramentas se resumem ao celular, onde você pode anotar qualquer coisa, inclusive o número do telefone da pessoa que acaba de conhecer.

Por que organizaram essa festa?

A seguir, pergunte-se: "Qual é o motivo explícito da festa?" Um executivo está dando uma festa para comemorar a formatura da filha? Um advogado bem-sucedido está comemorando uma promoção? Uma empresa está comemorando dez anos de vida? Essa é a parte fácil de descobrir. Mas depois pergunte-se: "Qual é o *verdadeiro* motivo da festa?" Talvez o empresário queira arranjar um bom emprego para a filha, por isso convidou gente do ramo. O advogado está solteiro, por isso a lista de convidados deve estar cheia de gente bonita. A empresa pode estar precisando aparecer na mídia, por isso convidou jornalistas, influenciadores e os maiores nomes de seu ramo de atividade.

Mesmo que você identifique o verdadeiro objetivo da festa, nunca o mencione durante o evento. Em vez disso, use o conhecimento para ajudar o anfitrião. Fale bem da filha do empresário a executivos que estejam contratando; elogie o amigo advogado para os convidados da festa; comente com alguém da imprensa que a empresa que está dando a festa precisa de divulgação positiva. Quando você trabalha em prol do verdadeiro motivo da festa, passa a ser um convidado popular e é procurado para futuros eventos.

Onde está o interesse coletivo?

Em geral, a lista de convidados é composta por pessoas de um mesmo ramo de atuação ou grupo de interesse. Assim, jamais aceite um convite sem se perguntar: "Que tipo de pessoa estará na festa?" Por exemplo, se você sabe que o evento contará com a presença de muitos médicos, é bom se atualizar sobre as últimas notícias da área. Se o evento é o lançamento de um livro, informe-se sobre o autor. Nunca vá desinformado.

Como fazer depois da festa?

É hora de consolidar as conexões. Após conhecer alguém, praticamente todo mundo diz: "Foi ótimo conversar com você. Vamos manter contato."

Raramente isso se concretiza, mas, se você tem interesse real em voltar a falar com a pessoa, transforme a manutenção do contato numa ciência. Depois do evento, organize-se para decidir quando voltar a contatar as pessoas. Pergunte-se: "Devo mandar uma mensagem, ligar ou mandar um e-mail?"

Com o *Checklist de seis pontos* – Quem? Quando? O quê? Por quê? Onde? Como? –, você consegue se planejar para criar e manter boas relações. A seguir, vamos às dicas específicas de cada item da lista.

71

Como evitar a mancada mais comum nas festas

Você é convidado para um evento. Quando chega, vai direto à mesa do bufê pegar um aperitivo e uma bebida. Em seguida encontra amigos e começa a bater papo com eles. Enquanto come e conversa, vez ou outra olha ao redor, torcendo para que pessoas atraentes e interessantes o vejam e se aproximem para conversar.

O que há de errado nessa abordagem? Tudo. Vamos começar com o primeiro erro. Ir imediatamente à mesa pegar comida e bebida. Quem vai a uma festa avalia – muitas vezes de forma subconsciente – as pessoas ao redor para decidir de quem se aproximar, e um dos fatores é a comida.

Se alguém quer se aproximar de você para conversar mas vê que você está comendo, vai preferir puxar papo com alguém que esteja "livre". No inconsciente, a pessoa diz a si mesma: "Vou deixá-lo comer em paz, mais tarde talvez a gente converse." Só que o mais tarde nunca chega, porque ela acaba fazendo amizade com outra pessoa que não esteja com a boca cheia.

Se você tem o objetivo de conversar com alguém na festa, coma antes de sair de casa. Você não vai conseguir apertar mãos, trocar telefones, segurar a bebida e comer aperitivos, tudo ao mesmo tempo.

Técnica 71: *Ou coma ou converse*

Qualquer objeto que você segure funciona como uma parede e impede a aproximação das pessoas. Se você foi ao evento para conversar, evite segurar a comida ou a bebida diante do corpo. Ou você come e bebe ou socializa. Não dá para fazer as duas coisas ao mesmo tempo. Se quer fazer contatos no evento, coma antes de sair de casa.

72

Como fazer uma entrada triunfal

Pode parecer bobagem, mas a maneira como você entra numa festa ou num evento profissional faz toda a diferença. Se você entra junto com a multidão, perde uma ótima oportunidade de causar impacto.

O que as entradas triunfais têm em comum? Em todas elas a pessoa entra sozinha, faz uma pausa rápida com uma postura perfeita, olha em volta com tranquilidade e só então segue em frente. Ela demonstra ter "presença". Tem gente que acha que isso é inato, mas na verdade é algo que se aprende.

Pessoas impactantes não entram de fininho num salão apinhado de gente. Eles fazem A entrada.

Chamo essa técnica de *Análise do ambiente*, e ela é simples. Assim que entrar num evento, faça uma pausa dramática e observe o cenário. Nesse momento, é importante não pensar algo como "Olhem para mim". Você não está ali só para se mostrar, e sim para fazer um diagnóstico do ambiente. Observe a iluminação, o bar e, mais importante, os rostos. Escute a música, as conversas, o tilintar dos copos. Veja quem está falando com quem. Esse é um momento fundamental, e você deve aproveitá-lo ao máximo.

> **Técnica 72:** *Análise do ambiente*
> Quando chegar à festa, faça uma pausa dramática junto à porta. Então analise *lentamente* o ambiente para causar o maior impacto possível nos presentes.

Enquanto observa, execute a técnica *Seja quem escolhe, não quem é escolhido* (técnica 73) e siga na direção do seu primeiro alvo.

73

Como conhecer as pessoas que você quer

Se você não fez de antemão uma lista de pessoas que quer conhecer, escolha seus alvos durante a *Análise do ambiente* (técnica 72). No momento em que fizer sua entrada triunfal, observe os presentes e pergunte-se: "Com quem eu vou conversar? Quem pode somar à minha vida? Com quem posso aprender mais e criar um bom relacionamento?"

Como fazer essa escolha? Observe todo mundo com atenção. Cada brilho no olhar e cada expressão conta a história de vida da pessoa. Não faz sentido comparecer a um evento para conhecer gente e ficar sem graça na hora de fazer contato visual com desconhecidos. Assim, observe a linguagem corporal das pessoas.

Tenha em mente que a chance de conhecer alguém muito importante para sua vida pessoal ou profissional numa festa é muito baixa. Mesmo assim, conforme o tempo passa e você comparece a eventos, crescem suas chances de conhecer alguém capaz de mudar sua vida para melhor. Quero que você esteja preparado e que tenha a coragem de se aproximar em vez de esperar a pessoa especial se aproximar de você.

"Só vão escolher as pessoas bonitas"

Seria lógico pensar que todos vão preferir falar com as pessoas mais atraentes primeiro, mas na prática, quando observamos as pessoas, ocorre algo místico: descobrimos uma beleza característica, muito pessoal, que atrai somente a nós. É algo inexplicável.

Quando você observa o rosto das pessoas, encontra essas qualidades especiais. Fale com as que escolher, e não só com as que escolherem você. Seja exigente e não espere ser escolhido.

> **Técnica 73:** *Seja quem escolhe, não quem é escolhido*
> Se você vai a uma festa hoje, tenha em mente que provavelmente não vai encontrar alguém importante para a sua vida, mas faça com que cada evento seja um ensaio para o grande momento. Não fique parado esperando a pessoa especial se aproximar de você. Faça acontecer. Observe o rosto de cada convidado e vá falar com quem você quer que faça parte da sua vida.

"Na teoria é fácil, mas na prática é difícil!"

Se você não sabe como abordar uma pessoa – e não for apresentado por alguém –, seja simples e direto. Diga apenas "Olá, eu me chamo Fulano" e emende uma pergunta neutra para conduzir a conversa e evitar um momento de silêncio constrangedor.

Da mesma forma que você decide abordar alguém, é possível que outros se interessem por você. A técnica seguinte os estimula a fazer esse movimento de aproximação.

74

Como sinais subliminares podem atrair as pessoas

Já reparou que algumas pessoas parecem mais "convidativas" que outras? É como se, com a postura corporal, elas dissessem "Ei, vem cá conversar comigo", enquanto outras dizem "Fique longe!". Pessoas tímidas costumam ficar agarradas à bolsa, de braços cruzados, segurando um copo de bebida ou mexendo no celular. Esses são sinais de insegurança que afastam os outros.

Pesquisas revelam que, numa festa, as pessoas se sentem mais à vontade para se aproximar de quem está de pé com os braços descruzados e ao lado do corpo, com as pernas um pouco afastadas e um leve sorriso no rosto. Qualquer objeto entre você e a pessoa é visto como uma barreira. Por exemplo, as pessoas vão se aproximar com mais frequência de uma mulher com uma mochila do que com outra que esteja segurando uma bolsa de mão junto ao corpo. Isso porque a mochila fica nas costas e o caminho para falar com ela está livre.

O detalhe

Depois do rosto, o pulso e a palma da mão estão entre as partes mais expressivas do corpo. Quando deixamos as palmas das mãos expostas, estamos dizendo "Não tenho nada a esconder". Também é sinal de aceitação. Quando um colega de empresa estiver falando com você, mantenha os pulsos e as palmas das mãos expostos levemente para cima numa posição natural. Se estiver apoiando a cabeça nas mãos, vire os pulsos para a frente. Por outro lado, sempre que estiver conversando com alguém, evite a posição contrária, com os pulsos para dentro, mostrando os nós dos dedos.

Quando deixamos o pulso e a palma das mãos à mostra, estamos instintivamente convidando nosso interlocutor a se aproximar, ao passo que a posição inversa, com os nós dos dedos para a frente, sugere afastamento. Isso vale para conversas tanto profissionais como sociais – e também caso você queira demonstrar interesse por alguém em especial.

> **Técnica 74:** *Postura convidativa*
> Seja um ímã, e não um repelente humano. Quando estiver em pé, mantenha o corpo numa postura convidativa, sobretudo os braços e as mãos. As pessoas se sentem naturalmente mais atraídas por pessoas que expõem a palma das mãos e os pulsos. Use essas partes do corpo para dizer "Não tenho nada a esconder", "Gosto do que você está dizendo" ou "Estou interessado em você".

Uma última dica: não se esconda nos cantos e evite ficar atrás de objetos grandes, como mesas. Eles funcionam como uma barreira e desestimulam a aproximação. Se vai ficar parado em algum lugar, certifique-se de que seja perto de uma porta, pois todos precisarão passar por você em algum momento.

A seguir veremos uma dica para fazer as pessoas se sentirem especiais quando conversarem com você.

75

Como fazer os outros se sentirem estrelas de cinema

Se existe uma coisa que não muda, é a natureza humana. Cada acontecimento trivial da nossa vida é importantíssimo para nós. O que eu vou comer no jantar, os sapatos que escolho usar e o problema que tenho com o meu chefe são mais importantes para mim do que uma guerra do outro lado do mundo. É ruim, mas é verdade.

Sabendo disso, para criar intimidade com alguém, procure se lembrar de detalhes da vida de seus contatos importantes. Claro, não finja que quer saber o que eles comeram no jantar, mas memorize pequenos fatos e pergunte a respeito no momento certo.

Se um cliente em potencial menciona um restaurante que adorou, faça uma alusão a isso quando voltarem a conversar. Se sua chefe comenta que está com dor de cabeça, da próxima vez pergunte se ela está melhor. Se um colega menciona que se exercita cinco vezes por semana, elogie sua disciplina posteriormente. Ao memorizar esses detalhes e usá-los na conversa, você faz a pessoa se sentir especial e ter a impressão de que você de fato se preocupa com os pequenos eventos da vida dela.

Da mesma forma, sempre que a pessoa falar de uma grande paixão da vida – como os filhos, os animais, a carreira, o time de futebol –, guarde a informação para usá-la depois.

Não deixe as informações se perderem

Registre onde as pessoas estavam, o que disseram e o que fizeram na última conversa. E então, quando voltar a falar com a pessoa, pessoalmente ou não, comece fazendo alusão a essas informações: "Sam, seu filho tem jogado bola?"; "Boa tarde, Sally. Conseguiu fechar aquela venda com o cliente rabugento?"; "Que bom falar com você, Bob! Isso significa que você sobreviveu àquele restaurante aonde ia na última vez em que nos falamos."

Ao invocar o último grande (ou pequeno) evento da vida do interlocutor, você confirma uma certeza que ele tem: que é a pessoa mais importante do mundo.

Você não vai conseguir se lembrar de todas as informações, é claro, então use um grande aliado: a agenda on-line. Sempre que sentir que vale a pena se lembrar de um acontecimento no futuro, salve-o na agenda, com a opção de mandar um alerta na data. Assim, quando seu chefe fizer um ano no cargo atual, envie uma mensagem parabenizando. Ele vai ficar tocado.

> **Técnica 75:** *Rastreamento*
> Memorize os detalhes da vida das pessoas com quem você conversa e cite-os posteriormente, no momento adequado. Isso cria uma forte sensação de intimidade.
> Ao relembrar um acontecimento da vida da pessoa, você a faz ter certeza de que é o centro do universo e ficar feliz por saber que você se lembrou de algo que ela considera importante.

Como fazer para recordar tantos fatos da vida de tantas pessoas? Simples: é só usar a próxima técnica.

76

Como deixar as pessoas pasmas com a sua memória

Certa vez fui a uma festa e fiquei observando um convidado que me intrigou: ele conversava animadamente com uma pessoa, depois pegava um bloquinho e começava a escrever. Então circulava, conversava com mais alguém e escrevia de novo. Quando enfim fomos apresentados, não contive a curiosidade e perguntei por que ele fazia anotações sempre que interagia com alguém. Com certa relutância, ele me explicou que escrevia no bloco o nome da pessoa e os fatos que havia descoberto sobre ela – coisas bobas, como o vinho que estava bebendo, seus hobbies, o que achava sobre um determinado filme.

Esse era o método que ele usava para se lembrar das pessoas e criar certa familiaridade com elas.

É claro que hoje ninguém sai por aí com um bloquinho na mão, mas é perfeitamente possível fazer isso usando o celular. Seja discreto, e as informações importantes sobre seus novos contatos estarão sempre na palma da sua mão. Use-as com sabedoria, no momento certo, e você verá as pessoas surpresas por você recordar detalhes sutis de uma conversa que tiveram tempos atrás.

> **Técnica 76:** *O dossiê*
> Logo depois de falar com alguém numa festa, faça anotações no seu celular. Anote tudo que parecer relevante sobre a pessoa: seu restaurante predileto, o esporte, o filme ou a bebida preferidos; quem ela admira, onde cresceu, alguma premiação que recebeu ou talvez uma piada que tenha contado.
> Quando voltarem a se encontrar, jogue discretamente alguma referência sobre o restaurante, o esporte, o filme ou a bebida, a cidade natal, a premiação. Diga que nunca se esqueceu da ótima piada que ela contou.

A pessoa vai ficar se perguntando "Como ele se lembrou disso?" e vai pensar em você como alguém atencioso, o que é um ponto importante para criar a conexão entre vocês.

Os políticos são verdadeiros mestres nessa arte. Eles observam o que as pessoas desejam e prometem exatamente isso a elas. Mas, claro, para saber o que devem prometer, eles usam a próxima técnica, chamada *De olho nos detalhes*.

77

Como fazer uma boa leitura corporal

Mesmo sem percebermos, a todo momento nosso corpo emite sinais. Por mais que a gente não queira deixar transparecer, o corpo dá sinais que demonstram se estamos felizes, tristes, irritados, etc. Se por um lado isso pode ser ruim, por outro pode ser ótimo, desde que saibamos interpretar esses sinais nas outras pessoas. Para isso, nossos olhos precisam funcionar como câmeras capazes de captar os mínimos gestos e movimentos.

Se você trabalha com vendas, por exemplo, é mais importante manter os olhos abertos aos sinais que o corpo do cliente emite do que memorizar técnicas de venda ou tentar convencê-lo a fechar a compra. Observe os movimentos de cabeça involuntários do cliente. Mesmo sem falar nada e com uma expressão neutra, ele está se comunicando. Note os gestos, a postura, as expressões faciais e até o movimento dos olhos. Mesmo que ele não diga se está satisfeito com a negociação, seu corpo revela o que sente. Quando perceber do que ele gosta e do que não gosta, você poderá ajustar a conversa para aumentar a chance de venda.

Os sinais

Quando se está falando para um grupo, o primeiro desafio é descobrir quem é o tomador de decisões, algo que nem sempre fica claro. Uma técnica pouco ortodoxa é começar cumprimentando todos e em seguida dizer algo um pouco confuso. O grupo vai ficar surpreso e sem reação. Com isso, todos vão se virar naturalmente... adivinha para quem? Para o tomador de decisões. Esteja atento a esse momento para descobrir quem tem a palavra final. A partir daí, passe a focar mais nessa pessoa.

O que fazer quando captar a deixa

Alguns sinais são óbvios. Se uma pessoa mantém os ombros encolhidos é porque está indiferente. Se tamborila com os dedos é porque está impaciente. Se afrouxa o colarinho ou mexe na roupa é porque está se sentindo desconfortável. Mas existem outros gestos inconscientes, e é importante ficar atento a todos. Por exemplo, se a pessoa estiver com a cabeça totalmente virada para você, significa que está interessada. Nesse caso, continue falando do mesmo assunto. Mas, se estiver com a cabeça virada para longe, é melhor falar sobre outra coisa.

Se o cliente está com os braços cruzados, entregue algo que ele possa manusear ou folhear, de modo que precise descruzar os braços para pegar o objeto. Se o cliente tem família, mostre fotos dos seus filhos; se tem animais, mostre fotos dos seus; se gosta de tecnologia, mostre uma função incrível do seu telefone. Ofereça um copo d'água. O importante é fazê-lo descruzar os braços. Quando ele fizer isso, você terá acesso à mente dele.

Ajuste o ritmo da apresentação às reações do seu cliente. Se ele pega um clipe de papel ou remexe numa pasta na mesa, é porque está em dúvida. Mas, se ele segurar o contrato, fizer que sim com a cabeça ou virar as palmas das mãos para cima, é hora de tentar fechar a venda. Pare de falar e parta logo para a assinatura do contrato, ou você corre o risco de perder o timing. Por outro lado, se o cliente balançar a cabeça para um lado e para outro, mesmo que muito sutilmente, está dizendo "não".

Leitura corporal

A leitura corporal não é útil apenas na vida profissional: nossos amigos e entes queridos também se expressam por meio de gestos inconscientes, revelando o que estão sentindo ou pensando.

Eu poderia escrever um livro inteiro sobre linguagem corporal, mas sugiro alguns dos meus prediletos nas referências.[13] O importante é atentar para cada trejeito, expressão e movimento das pessoas. Essa é uma dica de ouro para qualquer tipo de relação.

> **Técnica 77:** *De olho nos detalhes*
> O corpo transmite informações 24 horas por dia. Preste atenção em cada detalhe das pessoas com quem conversa. Perceba os detalhes dos gestos, olhares e posturas dos seus clientes e amigos e conduza a conversa de acordo com o que notar.

Recapitulando a Parte 8

Lembre-se de comer antes de ir à festa, para deixar as mãos livres para o trabalho de networking (*Ou coma ou conversa*, técnica 71). Quando chegar, pare junto à porta de entrada e faça uma *Análise do ambiente* (técnica 72) para saber onde está entrando. Nesse momento, escolha seus possíveis contatos para a noite (*Seja quem escolhe, não quem é escolhido*, técnica 73) e mantenha uma *Postura convidativa* (técnica 74).

Não se esqueça de usar as técnicas dos capítulos anteriores. Se vir alguém com quem deseja falar, verifique se a pessoa tem um *O-que-é-isso* (técnica 12) que lhe permita se aproximar e fazer um comentário. Se não tiver, pergunte ao anfitrião *Quem-é-aquele* (técnica 13). Se o anfitrião não estiver por perto, fique *À espreita* (técnica 14).

Se estiver batendo papo com alguém conhecido, faça um *Rastreamento* (técnica 75) e use as técnicas da Parte 2 para garantir que a pessoa se interesse pela conversa. Por fim, fique *De olho nos detalhes* (técnica 77) para captar informações gestuais do seu interlocutor e tirar máximo proveito deles. E não se esqueça: ao se despedir, anote detalhes sobre a pessoa e a conversa para criar *O dossiê* (técnica 76).

Com os conselhos deste livro, você deixa de ser um qualquer e passa a ser alguém com quem as pessoas gostariam de se relacionar.

A Parte 9 contém técnicas avançadas. Talvez você não entenda algumas de primeira, mas é nessas que você deve prestar mais atenção, porque, se não usá-las, pode pagar um preço elevado – por exemplo, não entender por que o negócio, a amizade ou o relacionamento deu errado. Muitas vezes o resultado negativo de uma interação está relacionado a erros que cometemos sem saber.

Parte 9

Como quebrar a barreira invisível mais traiçoeira

Muitas vezes as crianças fazem comentários cruéis e preconceituosos sobre as características físicas das pessoas. Na idade adulta, aprendemos que não devemos fazer isso, mas não perdoamos as deficiências sociais. E o problema é que percebemos as falhas dos outros, mas não as nossas.

Quantas vezes você já viu um colega de trabalho cometer uma gafe insensível ou cortou relações com alguém por causa de alguma atitude estúpida? Será que a pessoa sabia o que estava fazendo? Talvez ela não soubesse que estava ultrapassando um limite ou pisando no seu calo. Provavelmente não conhecia as técnicas mais sutis que discutiremos nesta parte do livro.

Existe uma barreira invisível que raramente é mencionada e que, em geral, só os grandes comunicadores enxergam. Muitos indivíduos brilhantes batem de cara nessa barreira enquanto tentam subir os degraus da escada para se juntar aos que estão lá em cima. As pessoas capazes de atravessá-la são as que seguem as regras tácitas que apresentarei nas próximas páginas.

Reflita sobre cada uma das técnicas a seguir. Se algumas lhe parecerem óbvias, parabéns, significa que você já as pratica. Mas preste atenção especial nas dicas que lhe causarem certo desconforto e que gerarem pensamentos do tipo: "Como assim? O que há de errado com isso?" Se isso acontecer, significa que um dia você pode cometer essa insensibilidade e, se não mudar de postura, talvez nunca entenda por que alguém reagiu com frieza à sua sugestão, não retornou o contato, não o promoveu no trabalho, não o convidou para a festa ou não aceitou seu convite para um encontro.

Ao seguir as técnicas da Parte 9, você garante que não cometerá nenhum desses erros sutis, mas capazes de impedi-lo de alcançar seus objetivos.

78

Como ignorar as gafes das pessoas para ganhar o afeto delas

Imagine que você está num restaurante, almoçando com colegas de trabalho, quando um deles faz um gesto amplo demais e derrama café na camisa social. É possível que alguns falem alguma gracinha ou simplesmente deem uma risada.

Embora muito comuns e aparentemente inofensivas, essas reações são péssimas. A verdade é que a todo momento pessoas caem, tossem no meio de um discurso, esbarram na porta, derrubam coisas, etc. Não reaja da mesma forma que todo mundo. O que fazer, então? Apenas ignore e permita que a pessoa tenha paz para se limpar ou resolver a situação sem ter que ouvir comentários engraçadinhos.

Se alguém espirrar, diga "Saúde" na primeira vez, e só. Nada de ficar repetindo a cada dois espirros. Por mais que suas reações ou seu sorriso condescendente tenham a melhor das intenções, ninguém gosta de ser lembrado da própria fragilidade.

Mas digamos que seu colega de trabalho tenha criado um tsunami de refrigerante na mesa do almoço. Não há como ignorar, porque você pode se sujar. Nesse caso, ajude-o a controlar o caos e chame o garçom, mas só. Tente não se perder no que estava dizendo antes. Apenas acrescente "Ah, não foi nada" e continue falando.

Ignore escorregões, falhas e erros. Eles fazem parte da vida e não merecem destaque. Com isso, aos poucos você constrói uma relação de camaradagem.

> **Técnica 78:** *Ignore as gafes*
> Os bons comunicadores não se importam com pequenas gafes e funções biológicas embaraçosas. Eles ajudam quem tomou um tombo ou derramou água na mesa, mas não fazem disso um assunto.

As pessoas odeiam ser lembradas dos próprios micos, mas existe oura situação quase tão incômoda quanto essa: é quando alguém está contando uma ótima história, mas de repente o foco da conversa muda por algum motivo e a pessoa que estava em seu momento de brilhar fica em segundo plano.

A próxima técnica vai ensinar você a apontar o refletor de volta para quem de direito.

79

Como ganhar o coração da pessoa quando ela é interrompida

Uma pessoa está contando uma história aos amigos, mas logo antes do clímax ocorre uma interrupção – alguém se junta ao grupo, um garçom chega com os pedidos ou um bebê começa a chorar. A pessoa para a história no meio, todos prestam atenção no motivo da interrupção e logo esquecem que ela não terminou de falar. Quando voltarem a conversar, será sobre outro assunto.

Nessas situações, em geral a pessoa fica sem graça de retomar a palavra, mas fica chateada porque não conseguiu terminar a história.

Quando isso acontecer com alguém, use a técnica *Voltando ao assunto*.

Assim que a interrupção chegar ao fim, tome a palavra e peça para a pessoa terminar a história, a piada, o que quer que seja. Diga algo como: "Fulano, continue a história que você estava contando." Você vai perceber o olhar de gratidão da pessoa quando ela voltar a ser o centro das atenções, e o resto do grupo vai notar sua sensibilidade.

Pessoas importantes têm boa memória. Quando você usa essa técnica para ajudá-las a retomar a palavra, elas encontram um modo de recompensá-lo depois.

> **Técnica 79:** *Voltando ao assunto*
> Quando perceber que alguém foi interrompido no meio de uma história, espere o motivo da interrupção terminar – dê tempo para todo mundo brincar com o bebê, fazer o pedido ao garçom ou catar a louça quebrada do chão. Então, no momento apropriado, peça à pessoa que foi interrompida que continue a história de onde parou. Ou, melhor ainda, lembre o ponto em que ela estava e pergunte: "E o que aconteceu depois de tal coisa?"

A verdade é que o mundo gira em torno de favores e gentilezas. As três técnicas a seguir revelam sutilezas tácitas do equilíbrio de poder desse aspecto da vida.

80

Como deixar claro o que as pessoas têm a ganhar ao ajudar você

De maneira inconsciente, nossa primeira reação quando nos fazem um pedido ou nos oferecem alguma coisa é: "O que *eu* ganho com isso?" Os bons profissionais de vendas levam esse princípio tão a sério que não começam a abordagem apresentando o produto ou o serviço que oferecem, e sim os benefícios que ele traz para o cliente.

Por isso, sempre que fizer um pedido, seja sincero e deixe claro o que ambos têm a ganhar. É uma atitude importante, pois, se você esconde informações e depois descobrem, passa a ser visto como traiçoeiro e manipulador, e é difícil se livrar desse rótulo.

Se você está apenas pedindo um favor e a outra parte não tem nada a ganhar, mencione isso desde o primeiro momento, para evitar que ela se sinta enganada. É muito melhor ser sincero e dizer que vai ficar devendo uma do que tentar passar a perna em alguém. E é sempre bom lembrar: mais do que nunca, hoje em dia as notícias se espalham rápido.

Não negue aos outros o prazer de ajudar

Ponha as cartas na mesa na hora de pedir um favor. Se um pedido for importante, deixe claro. Muitas pessoas ficam sem graça e não explicam a importância do pedido que estão fazendo. Falam como se fosse algo casual, quando no fundo não é. Fazendo isso você corre o risco de não conseguir a ajuda de que precisa. Permita que a outra pessoa sinta a alegria de ajudá-lo. Muitas vezes, saber que estamos fazendo um grande favor é recompensa suficiente. Não negue ao outro esse prazer.

> **Técnica 80:** *Jogando às claras*
> Ao pedir um favor, deixe claro desde o primeiro momento quais são os benefícios para ambas as partes e qual é a importância do pedido. Diga com honestidade o que todos têm a ganhar, mesmo que a outra parte não tenha nada a receber em troca e você fique devendo a ela. Não esconda nenhuma informação, pois você pode ser malvisto se for descoberto.

A arte de pedir ou fazer favores requer grande sensibilidade. A seguir explorarei outras formas de lidar com essa situação delicada.

81

Dê tempo para as pessoas fazerem o favor que você pediu

Quando pedimos favores, precisamos ter sempre em mente que dependemos não só da boa vontade das pessoas, mas também da disponibilidade delas. Assim, não basta a pessoa concordar em fazer o favor. Ela precisa de tempo. Mesmo que ela não diga claramente que vai ajudar mas está ocupada no momento, presuma que ela precisa de um tempo para mexer os pauzinhos ou mesmo para terminar as tarefas que tem nas mãos antes de poder fazer o que você pediu. Nem tudo acontece na hora que queremos. E, no fundo, quem faz um favor quer fazer direito, mesmo sem receber nada em troca.

Se você pedir uma ajuda em nome de outra pessoa, deixe-a avisada de que deve seguir a mesma lógica, pois, embora o favor não seja diretamente para você, seu nome está envolvido.

Por exemplo, se você liga para uma conhecida que é corretora de imóveis para pedir emprego para seu irmão e ela pede que ele a contate diretamente, espere um tempo para avisá-lo ou peça que ele espere um tempinho para ligar. Se ele telefonar cinco minutos depois para a corretora, estará quebrando uma regra importante: quando alguém aceitar lhe fazer um favor, não saia como um desesperado atrás da pessoa.

Há situações em que ligar imediatamente é melhor, porque demonstra seu interesse, mas só faça isso quando não tiver dúvidas de que é a melhor opção. Se a pessoa precisar de tempo para fazer o favor, ou quando seu pedido não for urgente, espere uns dias.

> **Técnica 81:** *Deixe a pessoa fazer no tempo dela*
> Sempre que uma pessoa concordar em lhe fazer um favor, respeite o tempo dela, dando espaço para que possa terminar as tarefas que tem nas mãos, mexer os pauzinhos e fazer com calma o que você pediu.
> Da mesma forma, espere um tempinho antes de agradecer, para não parecer que está pressionando.

Se você se mostra insensível ao tempo da pessoa que ajuda, ela pode ficar incomodada e não querer fazer mais favores para você no futuro.

As pessoas bem-sucedidas são atentas a tudo e enxergam cada indelicadeza sua como uma mancha no seu currículo. Portanto é melhor não dar nenhuma mancada com elas.

Na próxima dica vamos falar de outra linha tênue que não deve ser atravessada quando se pede ou se concede um favor.

82

Como cobrar favores

Pedir favores é algo delicado. Cobrar um favor, então, mais ainda.

Se você acabou de fazer um grande favor a alguém, tenha duas regras em mente:

Não cobre o favor rápido demais, como se estivesse numa corrida para "zerar a conta". Considere que a pessoa não esqueceu que está "devendo uma" e pretende pagar no futuro.

Se você vai quebrar a primeira regra, deixe claro que é por necessidade – de preferência, por uma urgência – e nunca, em momento algum, cobre verbalmente a retribuição do favor. É uma enorme falta de etiqueta. Apenas faça o pedido e diga que não tinha intenção de pedir (nunca de *cobrar*) um favor tão cedo.

Quando você não respeita as regras, a pessoa se vê na obrigação de fazer o que você pede, mas isso mancha sua reputação com ela. Da próxima vez que você precisar da ajuda dela, é possível que receba um não.

Quando você faz um favor a alguém, espere o máximo de tempo possível para cobrar. Não faça parecer que é uma coisa pela outra. Permita que a pessoa que pediu ajuda tenha o prazer de achar que você fez o favor sem pensar no que receberia em troca. Talvez ela ache que isso não é verdade, mas não demonstre que você só fez um favor porque sabia que poderia cobrar depois.

Técnica 82: *Favores antigos*

Quando você faz um favor a uma pessoa e ela fica em dívida com você, espere um tempo razoável antes de pedir algo em troca. Deixe-a curtir a ideia de que você ajudou só por amizade. Não cobre uma retribuição imediata, a não ser que seja muito necessário.

As três técnicas a seguir também estão relacionadas ao timing, não dos favores, mas das conversas.

83

O que *não* dizer nas festas da firma

Todo mundo tem aquele colega de trabalho que só fala do serviço, mesmo quando não é o momento apropriado. A equipe inteira está descontraída, batendo papo no happy hour e ele não para de falar das contas da firma. A empresa organiza uma festa e lá vai ele comentar que o orçamento do evento pagaria um ano de faculdade do filho dele.

Embora não seja proibido falar de trabalho nessas horas, a verdade é que esse não é o momento adequado. Festa é festa, não é trabalho. Se você teve uma grande ideia ou quer fazer uma reclamação, anote e guarde para o momento oportuno. Ele vai aparecer. E nunca será na hora da socialização.

Por fim, se você bebe e costuma falar o que não deve, redobre a atenção. Pratique a moderação e se policie ainda mais. Pior que ser visto como o chato do escritório é ser visto como o chato *bêbado* do escritório. Você não vai sentir as consequências desse comportamento na hora, e sim daqui a alguns meses, quando solicitar uma promoção e não consegui-la.

Se você trabalha com clientes, pior ainda. A verdade é que seu chefe não vai querer correr o risco de expor os clientes a alguém que não sabe quando é hora de falar de trabalho e quando é hora de aliviar a tensão.

Caso você tenha que lidar com alguém que não tem discernimento para o timing certo das coisas, reaja com calma e simplesmente diga que discutirá o assunto durante o expediente.

Técnica 83: *Festa não é trabalho*
Festa é momento de alegria e companheirismo, e não de confronto ou lamentações. Se você está conversando em grupo e um colega com quem você não se dá bem entra na roda, sorria e cumprimente-o. Deixe as desavenças profissionais de lado e as conversas difíceis para a hora apropriada.

A festa da firma é como uma trégua no estresse do dia a dia, é um momento de alegria e descontração no qual você pode relaxar um pouco e evitar assuntos desagradáveis. A seguir falaremos de outra situação desse tipo.

84

O que *não* dizer durante um almoço de trabalho

Já reparou que os almoços de negócios entre figurões são longos e costumam ir até o meio da tarde? Em parte, pode ser porque eles gostam de comer, beber e massagear o ego uns dos outros, mas o verdadeiro motivo é que a mesa é um santuário ainda mais sagrado do que uma festa. Onde se parte o pão – seja um café da manhã, um almoço ou um jantar de negócios – não se fala de assuntos desagradáveis. Afinal, uma negociação difícil pode acabar com o apetite.

Em geral, um almoço de negócios entre grandes executivos costuma seguir um script. Começa com drinques e conversas amistosas. Eles falam de amenidades e fazem comentários gerais sobre a situação de suas empresas. Durante o prato principal, falam de comida, de artes em geral (música, cinema, teatro), da situação atual do mundo e de outras amenidades.

A esta altura você pode se perguntar: "Eles estão desperdiçando tempo?" De jeito nenhum! Estão observando atentamente os movimentos uns dos outros, calculando as habilidades, o conhecimento, a destreza de seus convivas. Sabem que a forma como as pessoas se comportam indica sua capacidade de negociar. Enquanto riem das piadinhas, fazem avaliações.

Só no fim eles chegam ao assunto principal: na hora da sobremesa, fazem brainstorming e lançam ideias. Durante o café, discutem propostas. Enquanto esperam a conta, falam sobre suas expectativas.

Caso surjam discordâncias, desentendimentos ou controvérsias, eles resolvem o assunto em outra mesa: a de reuniões.

> **Técnica 84:** *Jantar não é trabalho*
> O santuário mais bem guardado e respeitado pelas pessoas de sucesso é a mesa de jantar. É um momento que não deve ser usado para discutir assuntos desagradáveis. Você pode discutir o lado positivo dos negócios: sonhos, desejos, projetos. Também pode conversar e fazer brainstormings. Mas essa nunca é a hora de tentar resolver questões difíceis.

Essa regra também vale para o horário de almoço. Se você trabalha num escritório e costuma almoçar com os colegas, use esse tempo para comer, espairecer e conversar sobre outros assuntos. O trabalho em si já é desgastante o suficiente.

Por fim, se você precisa resolver problemas amorosos durante um jantar, deixe para abordá-los depois da sobremesa. Se não conseguir resolver, pelo menos você aproveitou a refeição.

A seguir trataremos de como agir num encontro casual com alguém do trabalho.

85

O que *não* dizer num encontro casual com alguém do trabalho

Pode não acontecer com frequência, mas às vezes você encontra colegas de trabalho por acaso fora do expediente. Talvez seja constrangedor pela falta de intimidade, mas não se preocupe. A regra permanece: evite falar de trabalho.

Isso vale especialmente se você encontra um colega a quem enviou um e-mail dias atrás e ainda não recebeu resposta. Se a pessoa está devendo, não é agora, no meio da rua, que você deve cobrá-la. Ainda mais se for um cliente.

Nessas situações, diga apenas "Olá! Que bom ver você!". Não fale de trabalho, não cobre respostas ou posicionamentos. Caso a pessoa se sinta culpada e resolva tocar no assunto, tranquilize-a e sugira conversarem em outro momento. Ela vai se sentir tão grata que responderá ao e-mail atrasado assim que possível.

> **Técnica 85:** *Encontro casual não é trabalho*
> Se você está negociando ou trocando e-mails com informações sensíveis, *nunca* aproveite um encontro casual para falar do assunto ou fazer cobranças. Trate de outros temas com leveza e simpatia, sobretudo se estiver lidando com um cliente, senão você pode até perder o negócio.

O objetivo das técnicas 83, 84 e 85 é aproveitar situações em que não se fala de trabalho. Quando alguém percebe esse seu comportamento, seu status se eleva diante dele. Ao manter uma postura correta nas interações fora do ambiente profissional, com o tempo você passará a fechar negócios muito mais rápido e a ser chamado para mais eventos sociais.

86

Como preparar as pessoas para ouvirem você

Qualquer frentista de posto de gasolina sabe que, na hora de trocar o óleo do motor de um carro, precisa seguir uma ordem: primeiro esvazia o reservatório com óleo velho e só depois coloca o novo. Se não respeitar essa sequência, o líquido ficará inutilizado.

De certa forma, o cérebro é como o reservatório de óleo: está sempre cheio de pensamentos e preocupações. Assim, para que suas ideias fluam sem dificuldade, primeiro permita que ele esvazie o próprio reservatório.

Se você trabalha com vendas, deixe seu cliente perguntar e falar o que quiser, mesmo que não tenha relação com sua venda. Se ele fizer perguntas pertinentes ao negócio, dê respostas objetivas, mas completas, sem interrompê-lo, e dê-lhe tempo para pensar em outras perguntas. Mas, se ele quiser falar de outros assuntos, não o corte. Se ele falar dos filhos, peça para ver fotos. Se reclamar da vida, não faça julgamentos e demonstre empatia.

Use esses momentos para obter informações importantes, que depois serão utilizadas como argumento de venda no momento em que você sentir que o reservatório dele está vazio.

Essa regra também vale para a vida pessoal. Se um amigo quer conversar com você sobre um problema que está vivendo, ouça o que ele tem a dizer com atenção, sem interrompê-lo com perguntas ou comentários. Ao deixar que a pessoa termine de falar, você não só permite que ela se sinta melhor como aumenta sua chance de ser ouvido com atenção quando for sua vez de falar.

> **Técnica 86:** *Esvazie o reservatório*
> Se você está vendendo um produto ou serviço, fazendo uma negociação ou participando de uma troca de informações sigilosas, primeiro deixe a pessoa perguntar ou falar tudo que quiser sem fazer julgamentos, apressá-la ou tentar mudar de assunto. Com isso ela esvaziará o reservatório e em seguida estará pronta para receber suas ideias.

Os grandes comunicadores fazem mais do que simplesmente deixar você falar à vontade. E sabem que, quando você reclama sem parar, devem usar a técnica a seguir.

87

Como neutralizar a irritação de outra pessoa

Quem nunca passou pela desagradável situação de lavar uma roupa após usá-la apenas uma vez e, quando foi usá-la novamente, ela encolheu? É, no mínimo, irritante. Óbvio, você pagou pelo produto e quer que ele dure.

Quem trabalha com vendas sabe que isso vai acontecer em algum momento e precisa estar preparado para receber críticas. E o jeito certo de receber as reclamações é simples: com educação, permitindo que o cliente reclame e extravase (claro, sem ofensas). Se ele diz que o produto que sua empresa vende é horrível, aceite o comentário e compreenda o sentimento, demonstrando empatia.

Ao agir dessa forma, você não só deixa o cliente esvaziar o reservatório (técnica 86) e apazigua as emoções dele como extrai os fatos da situação. E os fatos são sempre importantes, mas a única forma de tranquilizar quem está irritado é não partir para o confronto. Ao agir com tranquilidade você demonstra profissionalismo e "desarma" o reclamão. Como você não vai revidar, ele não tem motivos para seguir reclamando além do necessário.

Use essa técnica na sua vida pessoal também. Se alguém está irritado com você e começa a discutir, permita que ele fale o que quiser sem interromper. Você não precisa concordar com o que é dito, mas também pode demonstrar empatia, escutando o que a pessoa tem a dizer. Com o tempo a irritação perde força, e você não terá piorado a situação partindo para o confronto.

> **Técnica 87:** *Apazigue as emoções*
> Quando você precisar extrair fatos de pessoas que estão alteradas, permita que elas extravasem sua chateação, irritação ou mágoa. Atente para os fatos, mas demonstre empatia com as emoções. Esse é o único jeito de acalmar uma tempestade emocional.

Essa técnica é especial, mas, para transformar uma possível derrota em vitória, você pode complementá-la com a próxima.

88

Como transformar um problema em um motivo para gostarem de você

Se o cliente irritado com a roupa que encolheu ligou para sua loja e você atendeu, recomendo que vá além da técnica anterior. Se for permitido, em vez de apenas trocar a peça de roupa por outra (ou dar um vale ou estornar a compra), ofereça a ele outra vantagem, como desconto nas próximas peças ou um crédito além do valor da compra feita.

Para ser excelente no atendimento ao consumidor é preciso receber bem as críticas, porque no fundo essa é uma chance de brilhar. Se você cometer um erro e alguém for prejudicado (e mesmo se o erro não for especificamente seu, como no exemplo da loja), certifique-se de que a pessoa saia com saldo positivo. Chamo essa técnica de *Erro meu, ganho seu*.

Se você visitar o escritório de um cliente importante e quebrar um vaso de plantas sem querer, no dia seguinte envie um novo vaso, lindo, mais caro e com uma dúzia de rosas. Garanto que você causará uma impressão ainda melhor, e, quando olhar para o vaso novo, seu cliente terá uma lembrança positiva sua.

> **Técnica 88:** *Erro meu, ganho seu*
> Sempre que fizer uma bobagem, certifique-se de que sua vítima se beneficie. Não basta corrigir o erro. Pergunte-se: "O que eu posso fazer para que essa pessoa não só esqueça que eu pisei na bola, mas também saia por cima?" Desse modo, mesmo que você tenha pisado na bola (ou represente uma empresa que o tenha feito), o erro vai se transformar num ganho não só para a outra pessoa como também para você.

O que fazer quando o erro não foi seu ou da empresa, mas de outra pessoa? Como fazer com que o erro de um terceiro resulte num ganho para você? É o que ensino na próxima técnica.

89

Como usar uma mancada alheia para ganhar reputação

O que fazer quando alguém tenta passar a perna em você e fracassa? Essa é uma pergunta com várias respostas possíveis, porém só uma ideal: deixar pra lá e excluir a pessoa da sua vida, mas manter uma rota de fuga aberta para que a pessoa possa escapar relativamente ilesa.

Se você dá uma festa em casa e um convidado está contando uma mentira descarada, que todos estão percebendo, aja com naturalidade e não o confronte – em vez disso, encerre o assunto quanto antes e se afaste. Ele vai perceber que foi pego na mentira e quem testemunhar a situação também notará.

E como você ganha pontos numa situação dessas? Bom, todo mundo que viu o que aconteceu – ou ouviu a história depois – vai respeitar você. Ao deixar claro que você sabe que é mentira mas evita ferir o orgulho da pessoa, você passa a ser visto como um ótimo anfitrião e alguém capaz de controlar as emoções e a situação tensa.

Mas por que deixar uma pessoa errada sair impune? Porque confrontá-la é um modo de dizer "Eu me importo com você". Ao agir com naturalidade, sem estardalhaço (e depois fechar a porta de sua casa para a pessoa), é como se você dissesse: "Não vale a pena desperdiçar meu tempo com você."

"Mea culpa!"

Se a pessoa cometeu um erro leve, que não estraga a amizade, assuma a culpa por ela. Se você marcou com uma amiga na sua casa, mas ela se perdeu no caminho e chegou uma hora atrasada, diga: "Não expliquei direito como chegar aqui." Se o convidado quebrou um vaso caro, diga: "Eu é que o deixei no lugar errado." Todos gostam de quem faz um *mea culpa*, sobretudo quando percebem que a culpa não é dele.

> **Técnica 89:** *Disponibilize uma rota de fuga*
> Sempre que pegar alguém mentindo, exagerando, distorcendo ou enganando, não confronte a pessoa diretamente. Se você não é responsável por corrigir a pessoa – e se não vai salvar vítimas inocentes de serem enganadas –, deixe claro que percebeu o que está acontecendo, mas permita que ela tenha uma rota de fuga. Depois tire-a de sua vida.

E quando alguém tentar roubar algo seu? Se for possível, simplesmente pegue o objeto de volta. E quando não for? Aí não tem jeito, você terá que confrontar a pessoa. Mas, em vez de dizer "Me devolva minha caneta cara, seu ladrão!", diga algo como "Tenho certeza de que você gostou da minha caneta. Ela é linda, não acha? Me dê ela aqui para eu mostrar os detalhes".

Na próxima técnica você vai aprender a impedir que as pessoas façam bobagem e a dar o melhor de si em seu benefício.

90

Como conseguir tudo que você deseja dos prestadores de serviços

Se existe algo melhor do que receber um elogio, é ser elogiado para seu chefe. Sobretudo se for por e-mail ou por mensagem, porque fica registrado.

Quando contratar algum serviço, elogie o atendimento antes de a tarefa ser feita. Por exemplo: se você precisa levar seu tapete à lavanderia, elogie a simpatia e a prestatividade dos recepcionistas. Provavelmente seu tapete ficará pronto antes da data. Se você vai a uma loja de roupas e é bem atendido pelo vendedor, fale com o gerente. Quando voltar à loja, o vendedor se lembrará de você e o atenderá ainda melhor.

A *Carta de elogio para o chefe* funciona como uma ótima apólice de seguro, uma garantia de que você será bem atendido no futuro. Quando entendi isso, criei uma carta de elogio padrão no computador e a envio por e-mail ou por mensagem às empresas prestadoras de serviço sempre que possível. É assim:

Caro [nome do gerente].
Sei como o atendimento ao cliente é importante para uma organização como a sua. Assim, escrevo esta mensagem para elogiar o funcionário [Fulano]. Ele é um exemplo de [cargo do funcionário] que presta um serviço excepcional ao cliente. [Eu/Minha empresa] sou cliente fiel dos servi-

ços da sua empresa graças à qualidade do serviço prestado por [Fulano].
Atenciosamente, [assinatura]

Já enviei essa mensagem a gerentes de estacionamento, donos de seguradoras e gerentes de lojas onde costumo comprar. Tenho certeza de que é por isso que nunca tenho dificuldade para conseguir uma vaga quando o estacionamento está cheio, para falar com meus corretores e para ser bem atendida nos lugares em que faço compras.

Mas cuidado: quando for elogiar, não pergunte simplesmente "Quem é o seu chefe?". Você pode deixar o funcionário nervoso. Deixe claro que pretende fazer um elogio. Diga algo como: "Puxa, você é fantástico. Quem é o seu chefe? Eu quero mandar uma mensagem para ele elogiando seu trabalho." E mande mesmo. Desse dia em diante você será tratado como cliente VIP.

> **Técnica 90:** *Carta de elogio para o chefe*
> Para garantir que qualquer prestador de serviços o atenda especialmente bem no futuro, mande uma mensagem de elogio para o chefe dele. Ele vai se dedicar ao máximo da próxima vez que você precisar dos serviços.

Na próxima técnica você aprenderá a se destacar quando estiver em grupo.

91

Como ser o líder num grupo de pessoas

Você está no auditório de sua empresa junto com centenas de outros funcionários, ouvindo o presidente apresentar um novo projeto. Acha que ali, no meio da plateia, está anônimo, não vai ser visto por ele. Então relaxa, se senta de forma desleixada, não presta atenção e boceja.

Esse é o pior comportamento que você pode ter. Garanto que, do palco, o presidente consegue enxergar cada sorriso, careta, olhar interessado e sinal de inteligência. Enquanto fala, ele observa os funcionários, percebe quais estão prestando atenção e quais estão sonolentos, quais o aprovam e quais não. Em meio ao mar de rostos, ele sabe quem tem potencial para ser um vencedor como ele. Como?

Acontece que as pessoas bem-sucedidas apoiam quem está no palco mesmo quando discordam do que está sendo dito. Por quê? Porque sabem como é estar lá em cima. Sabem que quem está falando – não importa o cargo – quer que ideias sejam aceitas pelo grupo. E sabem que estão sendo vistas e avaliadas.

> **Técnica 91:** *Lidere os ouvintes*
> Por mais experiente e importante que seja quem está no palco, lembre-se de que no fundo ele está ansioso e quer que suas ideias sejam aceitas pela plateia. As pessoas bem-sucedidas percebem que você é uma delas quando o veem sendo o primeiro a ter uma reação positiva, liderando os outros. Assim, seja o *primeiro* a aplaudir ou a elogiar publicamente a pessoa com quem você concorda.

Quando o presidente da empresa diz a última frase do discurso – que foi cuidadosamente pensada para fazer os funcionários aplaudirem de pé –, você acha que ele não percebe quem começa o movimento de accitação? Claro que percebe! Ele sabe quem puxou os aplausos, quanto tempo demorou e o nível de entusiasmo. Quando você é o primeiro a reagir, a pessoa no palco passa a vê-lo como um vencedor.

Não importa o tamanho da plateia ou se a fala é formal ou informal: seja o primeiro a aplaudir. Não espere para ver a reação das pessoas. Mesmo se for uma pequena reunião, com três ou quatro presentes, seja o primeiro a demonstrar empatia, o primeiro a murmurar "Boa ideia". Essa atitude mostra que você confia nos próprios instintos.

92

Como fazer tudo certo

Goste você ou não, a verdade é que vivemos numa sociedade que atribui a cada indivíduo uma espécie de pontuação, que paira acima da nossa cabeça o tempo todo, revelando se estamos acima ou abaixo de quem está ao nosso redor. É como se competíssemos com todos aqueles que se aproximam de nós. Não é uma imagem muito bonita, mas é assim que funciona. Basta olhar para saber quem está vencendo ou perdendo e também a diferença de pontos.

No Japão, por exemplo, quando dois empresários se cumprimentam, fica óbvio quem está vencendo: na hora do cumprimento típico do país, quem está por baixo se curva mais, precisa fazer uma reverência maior, mostrar deferência.

Assim, se você quer marcar uma reunião com um colega que está por cima, ofereça-se para ir à sala dele ou pague a conta do restaurante, quando adequado, e respeite o horário dele. Do contrário, você corre o risco de não subir de nível.

Quando lidamos com pessoas, a todo momento precisamos tomar decisões, e com elas nossa pontuação sobe ou desce. Antes de agir, porém, é importante se perguntar: "Quem se beneficia mais desse relacionamento? O que cada um de nós fez recentemente que mereça elogios do outro? O que posso fazer para melhorar meu placar?"

Amigos e familiares também têm um placar

O placar não vale só para a vida profissional. Seus familiares e amigos também têm uma pontuação que sobe ou desce diariamente. Quando você comete um erro, precisa recuperar os pontos fazendo mais pela pessoa que foi prejudicada pelo erro. Se um amigo convida você para um jantar, compareça. Quando não comparece, você perde pontos. Quantos? Depende do que aconteceu: se seu carro quebrou no caminho, poucos. Se você simplesmente não deu as caras nem deu satisfação, muitos. E como se recuperar? Bom, novamente, depende do tamanho da sua falha, mas nesse caso seria uma boa ideia convidar a pessoa que ficou esperando para um jantar na sua casa.

Técnica 92: *O placar*
Toda pessoa tem um placar invisível pairando acima da cabeça. A pontuação está sempre variando, mas uma regra nunca muda: o jogador com menos pontos deve mostrar deferência ao que tem mais pontos. A penalidade por não ficar de olho no placar é ser expulso do jogo. Assim, esteja sempre atento a ele e evite cometer faltas!

Seu destino

No fundo, não é porque alguém comete uma gafe que está condenado a uma vida de dificuldades e portas fechadas – da mesma forma que não basta ter se saído bem em uma ou outra situação para fazer parte da constelação de grandes vencedores.

Mas reflita: se você se irrita com um colega de trabalho uma vez, terá vontade de ajudá-lo num momento de necessidade no futuro? Provavelmente não, sobretudo se você ainda se sente incomodado. Por outro lado, se você costuma ter experiências boas com esse mesmo colega, vai querer fazer o possível por ele.

Agora pense nas centenas de interações que você tem todos os dias. Como dissemos na Introdução, ninguém chega ao topo sem ajuda. Ao longo dos anos, as pessoas que hoje parecem "ter tudo" foram conquistando o coração de centenas de outras que as ajudaram a subir, degrau a degrau, a escada profissional ou social, até chegar ao topo.

Como podemos nos tornar alguém que instintivamente toma as decisões certas? A verdade é que ninguém nasce com essa habilidade. Ela é aprendida, resultado de treino.

Também é preciso treinar para executar corretamente todos os passos da boa comunicação. Ninguém alcança a excelência na primeira tentativa. Ela é resultado de muitos anos de pequenos movimentos bem-feitos, como as 92 dicas que exploramos ao longo deste livro. Esses movimentos criam o seu destino.

Lembre-se: a repetição cria um hábito.

Os hábitos criam o seu caráter.

E o seu caráter cria o seu destino.

Que o seu destino seja o sucesso.

Notas

1 Ekman, Paul. *Telling Lies: Clues to Deceit in the Marketplace, Politics, and Marriage*. Nova York: W. W. Norton Co., Inc., 1985.

2 Cheng, Sha et al. "Effects of Personality Type on Stress Response". *Acta-Psychologica-Sinica*, v. 22, n. 2, pp. 197-204, 1990.

3 Goleman, Daniel. "Brain's Design Emerges as a Key to Emotions", citando o Dr. Joseph LeDoux, psicólogo do Center for Neural Science da Universidade de Nova York. *The New York Times*, 15 ago. 1989.

4 Kellerman, Joan et al. "Looking and Loving: The Effects of Mutual Gaze on Feelings of Romantic Love". Pesquisa realizada no Agoraphobia Treatment & Research Center da Nova Inglaterra. *Journal of Research in Personality*, v. 23, n. 2, pp. 145-61, 1989.

5 Wellens, A. Rodney. "Heart-Rate Changes in Response to Shifts in Interpersonal Gaze from Liked and Disliked Others". *Perceptual and Motor Skills*, v. 64, n. 2, pp. 595-8, 1987.

6 Ibid.

7 Curtis, Rebecca C. e Miller, Kim. "Believing Another Likes or Dislikes You: Behaviors Making the Beliefs Come True". *Journal of Personality and Social Psychology*, v. 51, n. 2, pp. 284-90, 1986.

8 Aronson, E. et al. "The Effect of a Pratfall on Increasing Interpersonal Attractiveness". *Psychonomic Science*, v. 4, pp. 227-8, 1966.

9 Estudos da Carnegie Foundation for the Advancement of Teaching e do Carnegie Institute of Technology conduzidos na década de 1930 mostram que 85% do nosso sucesso financeiro, mesmo em áreas técnicas como a engenharia, se devem a habilidades de comunicação.

10 O U.S. Census Bureau of Hiring, Training, and Management Practices realizou uma pesquisa com 3 mil empregados em todo o país. As qualidades preferidas nos candidatos eram, por ordem de importância, atitude, habilidades de comunicação, experiência profissional anterior, recomendações do empregador atual, recomendações de empregador anterior, credenciais relativas ao ramo de atividade, anos de formação, pontuação em testes de entrevistas, desempenho acadêmico (notas), reputação da faculdade onde o candidato estudou, recomendações de professores.

11 Walsh, Debra G. e Hewitt, Jay. "Giving Men the Come-On: Effect of Eye Contact and Smiling in a Bar Environment". *Perceptual and Motor Skills*, v. 61, n. 3, parte 1, pp. 873-4, 1985.

12 Byrne, Donn et al. "Continuity Between the Experimental Study of Attraction and Real-Life Computer Dating". *Journal of Personality and Social Psychology*, v. 1, pp. 157-65, 1970.

13 Fast, Julius. *Body Language*. Nova York: Simon & Schuster, 1970. Fast, Julius. *Subtext: Making Body Language Work in the Workplace*. Nova York: Viking, 1991. Lewis, David. *The Secret Language of Success*. Nova York: Carroll & Graf, 1989. Nierenberg, Gerard; Caliero, Henry. *How to Read a Person Like a Book*. Nova York: Barnes & Noble, 1993. Pease, Allan. *Signals: How to Use Body Language for Power, Success and Love*. Nova York: Bantam, 1981. Sannito, Thomas e McGovern, Peter J. *Courtroom Psychology for Trial Lawyers*. Nova York: John Wiley & Sons, 1985.

CONHEÇA ALGUNS DESTAQUES DE NOSSO CATÁLOGO

- Augusto Cury: Você é insubstituível (2,8 milhões de livros vendidos), Nunca desista de seus sonhos (2,7 milhões de livros vendidos) e O médico da emoção
- Dale Carnegie: Como fazer amigos e influenciar pessoas (16 milhões de livros vendidos) e Como evitar preocupações e começar a viver
- Brené Brown: A coragem de ser imperfeito – Como aceitar a própria vulnerabilidade e vencer a vergonha (600 mil livros vendidos)
- T. Harv Eker: Os segredos da mente milionária (2 milhões de livros vendidos)
- Gustavo Cerbasi: Casais inteligentes enriquecem juntos (1,2 milhão de livros vendidos) e Como organizar sua vida financeira
- Greg McKeown: Essencialismo – A disciplinada busca por menos (400 mil livros vendidos) e Sem esforço – Torne mais fácil o que é mais importante
- Haemin Sunim: As coisas que você só vê quando desacelera (450 mil livros vendidos) e Amor pelas coisas imperfeitas
- Ana Claudia Quintana Arantes: A morte é um dia que vale a pena viver (400 mil livros vendidos) e Pra vida toda valer a pena viver
- Ichiro Kishimi e Fumitake Koga: A coragem de não agradar – Como se libertar da opinião dos outros (200 mil livros vendidos)
- Simon Sinek: Comece pelo porquê (200 mil livros vendidos) e O jogo infinito
- Robert B. Cialdini: As armas da persuasão (350 mil livros vendidos)
- Eckhart Tolle: O poder do agora (1,2 milhão de livros vendidos)
- Edith Eva Eger: A bailarina de Auschwitz (600 mil livros vendidos)
- Cristina Núñez Pereira e Rafael R. Valcárcel: Emocionário – Um guia lúdico para lidar com as emoções (800 mil livros vendidos)
- Nizan Guanaes e Arthur Guerra: Você aguenta ser feliz? – Como cuidar da saúde mental e física para ter qualidade de vida
- Suhas Kshirsagar: Mude seus horários, mude sua vida – Como usar o relógio biológico para perder peso, reduzir o estresse e ter mais saúde e energia

sextante.com.br